Pferde

REITEN LERNEN & PFERDE VERSTEHEN

Pferde

REITEN LERNEN & PFERDE VERSTEHEN

Basiswissen rund ums Pferd
Von der Geschichte des Pferdes bis zum modernen Reitsport

Gabriele Kärcher

Parragon

Bath • New York • Singapore • Hong Kong • Cologne • Delhi
Melbourne • Amsterdam • Johannesburg • Auckland • Shenzhen

Chartist House
15-17 Trim Street
Bath BA1 1HA, UK
www.parragon.com

Produktion: Agentur Sorrel, www.sorrel.de
Text und Fotos: Gabriele Kärcher, www.sorrel.de
Design/Layout: KühneGrafik, www.kuehne-grafik.de
Lektorat: Silke Behling, www.ab-satz.com
Illustrationen: Maria Mähler, www.maria-maehler.de

ISBN 978-1-4723-3414-5

Printed in China

INHALT

VORWORT

„Wenn du so fleißig für Mathe lernen würdest wie du deine Pferdebücher studierst, sähe dein Zeugnis besser aus!". Das musste ich in meiner Schulzeit von den Eltern hören, doch die Pferdebücher waren nun mal so viel interessanter als Analysis und Algebra.

In diesem neuen Reiter- und Pferdebuch steckt trotzdem eine Menge Schule drin. Pferd und Schule! Wie soll das gehen? Ganz einfach: Mit **Geschichte** geht es los: Du erfährst etwas über die Entstehungsgeschichte des Pferdes und welche maßgebliche Rolle es in der gesamten Menschheitsgeschichte spielt. Im modernen Reitsport spielt Deutschland eine Vorreiterrolle. In kaum einem Land werden so viele Pferde- und Reitbücher gelesen wie in Deutschland. Auch wenn sie es nur vereinzelt in den **Deutsch**unterricht schaffen – die Leselust der Pferdefans wirkt sich ganz bestimmt positiv auf die Noten aus. Das Pferd und seine natürliche Lebensweise, sein Körperbau, seine Ernährung und sein Sozialverhalten gehören eindeutig ins Fach **Biologie**. Mit einem Einblick in die Vielfalt der Pferderassen nehmen wir dich mit auf alle Kontinente und geben dir damit **Erdkunde**unterricht der besonderen Art. Wir geben dir Tipps im Umgang mit Pferden. Du lernst das Wichtigste über ihre Pflege und ihr Verhalten, so dass du weißt, wie du richtig mit ihnen umgehst. Da ist eine ganze Portion **Psychologie** erforderlich. Erst wenn du die Pferde verstehst, solltest du dich in den Sattel schwingen. Damit wechseln wir zum **Sport** und geben dir Reitunterricht, von der ersten Longenstunde bis zum Turnier und den verschiedenen Reitweisen und Pferdesportarten. Die **Englisch**stunde gibt's in der Abteilung Westernreiten. Du lernst, wie Zügel, Galopp und Trense auf Englisch heißen. Während du dich als Reitschüler noch abmühst, dein Pferd in Galopp zu bringen, staunst du über Turnierreiter, bei denen selbst die schwierigsten Lektionen perfekt und doch spielerisch leicht aussehen. Hier sind wahre Könner am Werk, die seit Jahrzehnten reiten. Sie zeigen Reitkunst in Vollendung, und wir sind beim Unterrichtsfach **Kunst** angekommen. Und selbst die **Mathematik** zieht sich durch das Buch hindurch: Sei es in geometrischen Bahnfiguren, in der Berechnung der Kosten für ein eigenes Pferd oder in der Bewertung von Prüfungsritten. Um richtig viel Spaß mit deinem Pferd zu haben und um Fortschritte im Sattel zu machen, muss natürlich auch die **Chemie** zwischen dir und deinem Pferd stimmen.

Für mich ist die Schulzeit lange vorbei, doch das Lernen geht immer weiter. Jedes Pferd, dem ich begegne, lehrt mich etwas neues, denn jedes hat seine Geschichte, sein Temperament und seine Persönlichkeit, und es ist jedes Mal faszinierend, diese zu ergründen. Mit diesem Buch möchte ich dich zu einer Reise durch die Pferde- und Reitwelt einladen, um die faszinierenden Tiere noch besser zu verstehen. Ich wünsche dir ganz viel Freude bei der Lektüre und beim Umgang mit den Pferden!

Gabriele Kärcher

Als Gott das Pferd erschaffen hatte,
sprach er zu dem herrlichen Geschöpf:
„Dich habe ich geschaffen ohne gleichen!
Alle Schätze dieser Erde ruhen
zwischen deinen Augen.
Meine Feinde sollst du treten
unter deine Hufe,
meine Freunde aber sollst du tragen
auf deinem Rücken.
…
Du sollst fliegen ohne Flügel.
Du sollst siegen ohne Schwert."

(aus dem Koran)

Die Natur des Pferdes

Seit gut 5000 Jahren sind Pferde Begleiter des Menschen. Auch wenn sie lange Zeit als Nutztiere dienten, so war die Beziehung zwischen Mensch und Pferd stets von großem Vertrauen, von besonderer Anziehungskraft und Nähe geprägt. Sanftmut und Wildheit, Kraft und Sensibilität – vielleicht sind es die Gegensätze dieses Wesens, die uns seit jeher faszinieren.

Vor 50 Millionen Jahren: Hyracotherium oder Eohippus

Vor 40 Millionen Jahren: Mesohippus

Vor 30 Millionen Jahren: Merychippus

Die Entstehung unserer Pferde

Es war einmal vor sehr sehr langer Zeit, da huschte ein kleines Tier, so groß wie ein Schäferhund, durch die Wälder Nordamerikas. Es lief auf den Zehen und ernährte sich von weichen Blättern. Mit seinem gemusterten Fell konnte es sich im Dickicht gut vor Raubtieren verstecken. Der Name des Tieres: Eohippus. Es lebte vor 50 Millionen Jahren und ist schon sehr lange ausgestorben. Doch Eohippus hat Nachfahren, die sich über die ganze Welt verbreiteten: unsere modernen Hauspferde.

Vom Wald- zum Steppentier

Aufgrund klimatischer Schwankungen veränderten sich die Vorfahren unserer Pferde im Lauf von Jahrmillionen stetig. Aus Eohippus wurde das etwas größere Mesohippus. Das Klima wurde trockener, die Wälder wichen ausgedehnten Steppen, und wollte Mesohippus nicht verhungern, musste er sich dem neuen Lebensraum anpassen. Aus Mesohippus wurde Merychippus, der erste Grasfresser. In der offenen Steppe konnte er sich nicht verstecken und so brauchte er eine neue Strategie. Die mittlere Zehe wurde größer und stärker, die anderen verkümmerten. Dadurch konnte Merychippus schneller laufen und vor seinen Feinden flüchten. Mit 90 Zentimetern Schulterhöhe war Merychippus schon gut doppelt so groß wie Eohippus. 20 Millionen Jahre später und 20 Zentimeter größer: Das war Pliohippus, der schon fast wie ein richtiges Pferd aussah. Er lief auf nur noch einer Zehe, die mit einer harten Kappe geschützt war. Die übrigen Zehen bildeten sich immer weiter zurück.

Die große Wanderung

Die Urpferde hatten sich auf dem nordamerikanischen Kontinent ausgebreitet, und vor zwei bis drei Millionen Jahren machten sie sich auf den Weg nach Asien, das damals über eine Landbrücke mit Amerika verbunden war. Equus, wie die Pferdefamilie seitdem genannt wird, besiedelte Europa und sogar Afrika. Die Unterarten Pferd, Zebra und Esel grenzten sich ab. Auch innerhalb der Pferdefamilie entstanden verschiedene Typen, zum Beispiel der Wald- und der Steppentarpan und das Przewalski-Pferd – das letzte Urwildpferd unserer Zeit. Vor rund 8000 Jahren verschwand Equus

Eohippus lebte in den tropischen Wäldern des amerikanischen Kontinents.

Vor 10 Millionen Jahren: Pliohippus

Seit einer Million Jahren: Equus – das moderne Pferd

aus Nordamerika, möglicherweise infolge klimatischer Veränderungen. Die damals lebenden Menschen hatten bereits Haus- und Nutztiere, zunächst Ziegen, Schafe, Rinder und Schweine. Die ersten Zugtiere waren Ochsen. Equus war ein jagbares Wildtier, doch vor schätzungsweise 5000 bis 6000 Jahren erkannten die Menschen andere Vorzüge der großen kräftigen Tiere. In Asien und Europa begann die Domestikation, also die Zähmung von Pferden und Eseln. Zunächst wurden sie als Lasttiere, dann als Zugtiere und erst deutlich später als Reittiere genutzt.

Das Pferd schreibt Geschichte

Die Zähmung und Nutzung der Pferde veränderte das Weltgeschehen von Grund auf. In der Geschichte ist das Pferd an der Seite des Menschen nicht mehr wegzudenken. Es ermöglichte größere Wanderungen und damit die Ausdehnung der Lebensräume. Es brachte die Landwirtschaft voran und half bei der Jagd. In Kriegen und Wettkämpfen trug es entscheidend zu Sieg oder Niederlage bei, es prägte Kunst und Kultur, war frühes Statussymbol und neben dem Hund geliebter Freund und Partner des Menschen.
Im 16. Jahrhundert brachte Kolumbus Reit- und Arbeitspferde auf den amerikanischen Kontinent. Ihre Ankunft war so etwas wie die Heimkehr in das Land ihrer Vorväter.

Pferd und Esel wurden Freunde und Partner der Menschen.

Aha!

Zur Familie der Pferdeartigen gehören Esel, Halbesel, Zebra und Pferd. Jede Art hatte in seiner Entwicklungsgeschichte mehrere Unterarten, so gab es auch verschiedene Urpferdetypen, von denen unsere heutigen Pferde abstammen. Das Przewalski-Pferd ist das letzte noch existierende Urpferd und Vorfahre einiger, aber längst nicht aller modernen Pferderassen.

Die wilden Verwandten: Equus Hemionus, der asiatische Halbesel ...

... Equus Przewalski, das letzte Urwildpferd ...

... und Equus Quagga, das Steppenzebra

Von echten und falschen Wildpferden

Stolz und frei: Der Mustang

Seit Jahrtausenden leben Pferde in der Obhut des Menschen. Sie sind Last-, Zug- und Reittiere, aber auch Freunde und Partner. Trotz aller Nähe zum Menschen hat sich das Pferd den Stolz und die Unabhängigkeit des Wildpferdes bewahrt. Auch heute noch gibt es Herden wilder Pferde, die ein Leben in Freiheit meistern.
Mit der Domestikation der Pferde begann die Geschichte der Pferdezucht. Der Mensch formte für verschiedene Zwecke die jeweils passenden Typen: große, kleine, schnelle, starke, schwere und elegante Pferde. Die Natur züchtet nur nach einem einzigen Maßstab: dem Überleben. Ein Pferd in freier Wildbahn muss wachsam sein, um Gefahren wahrzunehmen. Es muss schnell sein, um vor Feinden fliehen zu können. Es muss von robuster Gesundheit sein, um Schneestürmen wie Hitzeperioden zu trotzen.

Przewalski-Pferde im Zoo

Erbittert kämpfen Mustang-Hengste um die Stuten.

Es muss genügsam sein, um Dürrezeiten und strenge Winter mit Nahrungsmangel durchzustehen. Es muss trittsicher sein, um in jedem Gelände sicher auf den Beinen zu sein. Kleine Pferde sind zäher und anspruchsloser als große, und so sind wilde Pferde selten größer als 1,40 Meter. Die heute noch wild lebenden Pferde sind fast ausschließlich verwilderte oder halbwild gehaltene Hauspferde.

Przewalski – das letzte Urpferd

Nur ein einziges Pferd ist der Nachfahre echter Urwildpferde: Das Przewalski-Pferd aus der Mongolei. Typisch sind die Stehmähne, die gelbliche Falbfarbe mit Aalstrich und Zebrastreifen an den Beinen. Außerdem ist es, von wenigen Ausnahmen abgesehen, unzähmbar. Sein Urinstinkt erlaubt ihm nicht, dem Menschen zu vertrauen. Przewalski-Pferde leben heute ausschließlich in Zoos, Wildparks und in einigen ausgewilderten Herden in China und der Mongolei.

Mustang – Sinnbild für Stolz und Freiheit

Der nordamerikanische Mustang verkörpert den Geist des echten Wildpferdes wie kaum ein anderes. Dabei sind Mustangs Nachfahren von Reit- und Arbeitspferden, die die spanischen Einwanderer ab dem 16. Jahrhundert auf den Kontinent gebracht hatten. Viele gelangten in Freiheit und wuchsen zu riesigen Herden an. Bis Viehzüchter, die immer mehr Weideland beanspruchten, sie fast ausrotteten. Zum Glück schalteten sich Tierschützer ein und errichteten Reservate, in denen Mustangherden heute ein Leben in Freiheit führen.

Grenzenlose Freiheit

Wunder der Wüste

Das spektakulärste Beispiel wilder Pferde findet sich im südlichen Afrika. Eine kleine Herde lebt am südlichen Rand der Wüste Namib in sengender Hitze und ernährt sich von den nur spärlich wachsenden Gräsern. Sie sind die Nachkommen von Pferden der südafrikanischen Kavallerie, die in den Wirren des Ersten Weltkriegs entlaufen waren. Dass sie in diesem lebensfeindlichen Klima überlebten, beweist, wie anpassungsfähig Pferde sind, selbst wenn sie an menschliche Fürsorge gewöhnt waren.

Fast wie Bergziegen

Gut 2000 Meter hoch gelegene Almweiden in den französischen Pyrenäen sind das Zuhause der schwarzen, halbwilden Mérenspferde. Schroffe Felswände, Geröllhalden und tiefe Schluchten verlangen höchste Trittsicherheit und Aufmerksamkeit. Ihr bedächtiges Temperament und ihre Kletterkünste sichern den kräftigen Rappen das Überleben, auch wenn es vereinzelt zu tödlichen Abstürzen kommt. Früher lebten die Tiere als echte Wildpferde in dieser abgelegenen Gebirgsregion. Heute gehören sie Pferdezüchtern, die erkannt haben, dass nur das freie Leben im Gebirge ihre Qualitäten erhalten kann.

Tarpan – Die graue Maus

Ein Pferd, das zumindest äußerlich wie ein echtes Wildpferd aussieht, ist der Tarpan. Tatsächlich ist er die Rückzüchtung des ausgestorbenen eurasischen Wildpferdes. Durch Kreuzung von Przewalski-Pferden mit Isländern, polnischen Koniks und schwedischen Gotland-Ponys versuchte man, den alten Typ des Tarpans wieder zu gewinnen. Das gelang äußerlich recht gut, das Erbgut des echten Wildtarpans ist jedoch unwiederbringlich verloren.

Dülmener – Der Stolz der Herzöge

Im Merfelder Bruch nahe der westfälischen Stadt Dülmen liegt das einzige Wildgestüt Europas. Die Dülmener Wildpferde wurden im Jahr 1316 erstmals urkundlich erwähnt und leben heute auf 360 Hektar Land der Herzöge von Croÿ. Zur Begrenzung des Bestands werden jedes Jahr die einjährigen Hengste aus der Herde gefangen und an Interessenten verkauft. Trotz ihrer wilden Vergangenheit lassen Dülmener sich zähmen und zu braven Reit- oder Kutschpferden ausbilden.

New-Forest-Ponys genießen die Freiheit.

Exmoor, Dartmoor und New Forest – Die wilden Ponys

Dartmoor-, Exmoor- und New-Forest-Ponys sind nach ihrer englischen Heimat benannt – Wildparks, in denen sie heute noch halbwild leben. Der New Forest ist ein Heide- und Waldgebiet südwestlich von Southhampton, Dartmoor und Exmoor bestehen aus Sumpf und Heideland.

Ob Gluthitze oder Eiseskälte: Wildlebende Pferde kommen mit nahezu allen klimatischen Härten zurecht.

Die typischen Wildpferdefarben zeigen den Aalstrich, eine schwarze Linie, die längs über den Rücken verläuft.

Rangordnung muss sein

Der Hengst wacht über seine Stuten.

Auf einer üppigen grünen Wiese steht eine Gruppe zufriedener Pferde. Alle haben die Köpfe ins Gras getaucht und mampfen das saftige Grün. Plötzlich gibt es Streit. Ein Schimmel meint, genau die Halme fressen zu müssen, die der Rappe gerade ausrupft. Er schiebt den Schwarzen zur Seite, der quiekt und legt die Ohren an, doch dann sucht er sich eine neue Stelle und überlässt seinen Platz dem Schimmel.

Worum geht es dem Schimmel? Das Gras ist bestimmt nicht besser als einen Meter weiter. Nein, hier geht es um Macht. Ob Warmblut oder Kaltblut, Pony oder Araber, Reitpferd oder Wildpferd – in jeder Pferdegruppe gibt es eine Rangordnung. Die Starken stehen oben, die Schwachen müssen ihnen weichen. Die körperliche Kraft ist hier allerdings weniger entscheidend als das Selbstbewusstsein.

In der Natur ist diese Rangordnung von Nutzen. Pferde leben in Gruppen zusammen, die aus einem Hengst, mehreren Stuten und Jungtieren bestehen. An oberster Stelle stehen Hengst und Leitstute. Die Aufgabe der Leitstute ist es, die Herde zum Wasser und zu neuen Weidegründen zu führen. Der Hengst hält die Gruppe zusammen und schützt sie bei Gefahr. Wären alle Tiere gleichrangig, würden sie den Leittieren nicht folgen. Jeder ginge seine eigenen Wege und wäre leichte Beute für Raubtiere. Für ihre Aufgaben haben die Leittiere Vorrechte. An einer Wasserstelle dürfen sie zuerst trinken, und gefällt ihnen ein Grasbüschel besonders, muss das Herdenmitglied, das diesen gerade fressen will, eben Platz machen.

Gleichberechtigung – Fehlanzeige

Auch innerhalb der Herde gibt es bestimmte Positionen. Junge Emporkömmlinge wollen in Raufereien ihren Rang verbessern. Friedliebende ordnen sich lieber unter als sich zu prügeln und dann sind da noch die „Trittbrettfahrer", die sich mit dem Leittier anfreunden und so von dessen Vorrechten profitieren.

Die Rangordnung wird in Kämpfen und Raufereien ausgefochten.

Ganz schön ruppig: Hat sich eine Stute abgesondert, holt der Hengst sie unsanft zurück.

Freunde beim gegenseitigen Fellknabbern

Aha!

Wer reiten lernt, tut sich auf einem rangniedrigen Pferd leichter. Naturgemäß ordnet es sich eher unter, ist gutmütiger und geduldiger. Ranghohe Pferde brauchen dagegen eine stärkere Hand, sonst kann es passieren, dass sie die Führung selbst übernehmen und nicht mehr auf den Reiter hören. Dieses Verhalten wird dann gern als stur und eigensinnig bezeichnet, ist aber in Wirklichkeit ein Zeichen von Dominanz und Selbstbewusstsein.

Die Spielregeln der Rangordnung gelten auch im Reitstall. Kommt ein neues Pferd in eine bestehende Gruppe, muss es sich seinen Platz erkämpfen. Neuankömmlinge werden erst mal abgelehnt. Ist der Neue ein dominantes, also ein sehr selbstbewusstes Tier, sind Raufereien unvermeidlich. Auch wenn ein Leittier eine Gruppe verlässt, kann Unruhe entstehen, denn nun fangen Nummer Zwei, Nummer Drei und Nummer Vier womöglich an, sich um den frei gewordenen Chefposten zu streiten.

Freundschaft

Pferde können aber auch richtig gute Freunde sein. Oft sieht man zwei Pferde beieinander stehen. Geht einer los, folgt ihm der andere, um in seiner Nähe zu bleiben. Freunde beknabbern sich gern gegenseitig das Fell. Das ist wohltuend und dient der Fellpflege. Wird einer der beiden zum Reiten aus der Herde geholt, wiehert der andere ihm sehnsüchtig hinterher. Freundschaften gibt es zwischen ranghohen und rangniederen Pferden, aber auch zwischen gleichrangigen Tieren.

Beim Trinken am Fluss herrscht Ordnung.

Pferdesprache

Angelegte Ohren, hochgezogene Oberlippe, aufgerissene Augen, stampfende Hufe – Pferde sprechen viel mehr mit Kopf und Körper als mit der Stimme. Um zu verstehen, wie Pferde „ticken", ist es am besten, sie in ihrem natürlichen Verhalten zu beobachten. Wer die Chance hat, sollte einmal einen Tag auf der Pferdeweide verbringen, am besten auf einer Weide mit Stuten und Fohlen – da ist immer Action. Wir stellen dir hier einige Gebärden und Verhaltensweisen vor. Wenn du das nächste Mal zu den Pferden gehst, schau mal, ob du die folgenden Gesichtsausdrücke erkennst.

„Wer bist du?"
Zwei Pferde, die sich nicht kennen, begegnen sich. Sie stecken die Nüstern zusammen und beschnüffeln sich. Pferde lernen sich nämlich über den Geruch kennen und entscheiden nach der ersten Schnüffelprobe, ob sie den anderen „riechen" können oder nicht.

„Hallo! Wo bist du?"
Wiehern hat unterschiedliche Bedeutungen. Lautes Wiehern ist meist der Ruf nach einem anderen Pferd. Leises Blubbern kann Freude, Ungeduld oder Nervosität bedeuten.

„Verzieh dich!"
Angelegte Ohren und aufgerissene Augen sehen bedrohlich aus, und genau das ist Sinn der Sache. Mit diesem Gesicht warnen Pferde ihr Gegenüber. „Komm mir nicht zu nahe, sonst setzt es was!", ist die Aussage dieses Drohgesichts.

„Mmmh, das riecht interessant!“
Kommt ihnen ein sehr starker Geruch in die Nase, ziehen Pferde die Oberlippe hoch, um den Duft richtiggehend einzusaugen. Das nennt man Flehmen. Oft zeigen Hengste diese Mimik, wenn sie eine Stute gewittert haben.

„Ich mag dich!“
Unter Pferden gibt es richtig gute Freunde. Sie stupsen sich zärtlich an, beknabbern sich gegenseitig das Fell und vermissen sich sehr, wenn einer von beiden nicht da ist.

„Ich habe Angst.“
Pferd sind von Natur aus ängstliche, vorsichtige Tiere. Sie sind immer auf der Hut und stets fluchtbereit. Haben sie Angst, kann man das an den weit aufgerissenen Augen und der fest zusammengepressten Maulpartie erkennen.

„Ich bin müde!“
Es sieht aus, als würde es lachen, doch in Wirklichkeit gähnt das Pferd. Meist bedeutet das genau wie bei uns, dass es müde ist. Gähnen ist aber auch eine Verlegenheitsgeste, die Unsicherheit und Nervosität ausdrückt.

„Bitte nicht stören!“
Lässt ein Pferd Ohren und Unterlippe hängen und schließt es die Augen halb oder ganz, dann ist es völlig entspannt oder sogar am Dösen.

„Bitte tu mir nichts!“
Zeigt ein Pferd einem Fohlen so ein Drohgesicht, sperrt das Fohlen sein Mäulchen auf und zeigt eine Kaubewegung. Das heißt: „Bitte tu mir nichts, ich bin schon ganz brav!“ Damit unterwirft es sich und besänftigt sein Gegenüber.

Pferdezucht – Familienplanung im Stall

Vollblutpferde können Millionen auf der Rennbahn gewinnen – einen Acker zu pflügen würde ihnen jedoch schwerfallen. Kaltblutpferde dagegen würden beim Rennen keinen Blumentopf gewinnen – sie sind für Schwerarbeit gemacht. Zugpferde, Arbeitspferde, Freizeitpferde, Rennpferde, Kinderponys, Sportpferde: Sie alle leisten dem Menschen ganz unterschiedliche Dienste. Für jede Verwendung gibt es geeignete Pferderassen, und jede hat ihren Zuchtverband, der das Zuchtgeschehen betreut und überwacht. Das bedeutet, der Verband führt genau Buch, welcher Hengst mit welcher Stute Nachwuchs zeugt und stellt für die Fohlen Zuchtpapiere mit Stammbaum aus. Die Eignung für spezielle Aufgaben und das Schönheitsideal ergeben zusammen das Zuchtziel einer Pferderasse, auch Rassestandard genannt. Dazu gehören eine bestimmte Größe, die Körperform, Fellfarben und auch gewünschte Charaktereigenschaften. Das äußere Erscheinungsbild heißt Exterieur, das Wesen wird Interieur genannt. Fachkundige Vertreter eines Zuchtverbands prüfen, ob ein Tier dem Rassestandard entspricht und sich fortpflanzen darf. Dabei zählt neben Aussehen und Charakter ganz wesentlich auch die Gesundheit eines Pferdes. Die meisten

Stolze Pony-Mama mit ihrem Sprössling.

„Du siehst ja komisch aus!"

Pferderassen sind nach ihrem Ursprungsland benannt, wie Isländer (Island), Friese (Friesland) oder Araber (Arabische Länder), manche auch nach bestimmten Eigenschaften wie das gescheckte Paint Horse, das auf deutsch übersetzt „Farben-Pferd“ heißt.

Natürlich glücklich

In der Natur hat ein Hengst eine Gruppe von Stuten, mit denen nur er sich paaren darf. Rivalen werden erbittert bekämpft und davongejagt. Jede Stute ist ca. alle vier Wochen rossig, das heißt paarungsbereit. Dann deckt der Hengst die Stute und zeugt ein Fohlen, das elf Monate später zur Welt kommt. In der modernen Pferdezucht haben Hengst und Stute oft verschiedene Besitzer und werden nur zur Paarung zusammengeführt. Weit verbreitet ist auch künstliche Befruchtung, weil dabei die Gefahr von Verletzung und Krankheitsübertragung ausgeschlossen ist.
Außerdem sind dadurch Anpaarungen von Pferden möglich, die weit auseinander, ja sogar auf verschiedenen Kontinenten leben. Doch es gibt auch Pferdefamilien nach dem Vorbild von Mutter Natur.

Liebevoll wirbt der Hengst um die Gunst der Stute.

Schon nach wenigen Tagen beginnt die Grunderziehung eines Fohlens. Die Stute zeigt ihm deutlich, was es darf und was nicht. Damit es auch von Anfang an den Menschen als Freund akzeptiert, wird der Züchter es schon nach wenigen Tagen berühren, seine Beine anfassen, die Hüfchen anheben und sein Köpfchen streicheln.

Leben heißt Lernen

So gehört der Zweibeiner von Beginn an ganz selbstverständlich zum Leben eines Fohlens dazu. Schon vor dem Absetzen sollte es ans Halfter gewöhnt sein und sich führen und anbinden lassen. In Anwesenheit der Mutter fühlt das Fohlen sich sicher und findet sich leichter mit dem Einschnitt in seine Bewegungsfreiheit ab. Die Zeit auf der Fohlenweide dauert zwei bis drei Jahre, in denen das Berühren, Führen und Anbinden immer wieder geübt werden sollte. Denn die jungen Pferde müssen geimpft und entwurmt werden. Die Hufe müssen während des Wachstums immer wieder geraspelt und wenn nötig, korrigiert werden. All das ist bei einem gut erzogenen, ruhig stehenden Fohlen wesentlich einfacher und auch die spätere Reitausbildung fällt dann leichter. Diese beginnt für gewöhnlich im Alter zwischen zwei und vier Jahren, je nachdem, ob es eine frühreife oder spätreife Rasse ist. Körper und Psyche entwickeln sich bei frühreifen Rassen schneller als bei spätreifen, daher können diese etwas früher in die „Pferdeschule" gehen.

Ein Heim für die Pferdefamilie

Einen Betrieb, in dem Pferde gezüchtet werden, nennt man Gestüt. Es gibt private Gestüte und staatliche, wie zum Beispiel das Haupt- und Landgestüt Marbach. Ein Gestüt verfügt über eigene Stuten und meist auch über einen oder mehrere Hengste. Die Anforderungen an ein Gestüt sind etwas anders als an einen Reitstall. Wichtig sind ausreichend Koppeln, wo Stutenherden und Fohlengruppen reichlich Auslauf haben. Große Einzelboxen, genannt Abfohlboxen, sind für die Geburt und die ersten Tage vorhanden, bevor Stute und Fohlen in die Herde kommen. Manche Gestüte verfügen über einen offenen Laufstall, in dem Stuten und Fohlen sich frei bewegen können. Hengste werden meist in Boxen gehalten, in manchen Betrieben dürfen sie mit Wallachen zusammen auf die Weide.

Gut erzogen: Brav lässt sich das Fohlen führen.

Absetzer im Fohlenkindergarten

„Benimm dich!", mit drohender Miene warnt die Stute ihr Fohlen.

Durch viel Nähe gewöhnt sich das Pferdekind früh an den Menschen.

Exterieur – so sieht's aus!

Jeder Pferdefreund hat sein Traumpferd. Treu muss es sein, temperamentvoll und sensibel oder verschmust und verlässlich. Aber es muss auch toll aussehen, denn Pferd ist nicht gleich Pferd. Vom Minipony bis zum Shire Horse, vom Vollblut bis zum Percheron, vom Schimmel bis zum Rappen – Pferde unterscheiden sich ganz erheblich in Größe, Körperbau und Farbe.

Für den einen ist ein imposanter Friese mit viel Behang das schönste Pferd der Welt, der andere liebt edle, feurige Araber, der nächste schwärmt für einen Haflinger mit langer Blondmähne. Welches das schönste Pferd ist, lässt sich nicht sagen – es ist reine Geschmacksache. Doch jede Rasse hat ihr typisches Exterieur, so nennt man die äußere Erscheinung eines Pferdes.

Die Körperteile des Pferdes

Körperbau

Quadratisch gebaute Pferde haben einen kurzen starken Rücken. Pferde mit langem Rücken haben dafür schwungvollere Bewegungen.

Quadratischer Körperbau

Rechteckiger Körperbau

Kopfformen

Gerader Kopf

Ramskopf (konvexes Profil)

Hechtkopf (konkaves Profil)

Keilkopf

Bunte Pferdewelt

Ein gutes Pferd hat keine Farbe – so sagt ein altes Sprichwort. Das heißt, die Klasse eines Pferdes zeigt sich nicht in seiner Fellfarbe, sondern in seinem Charakter. Aber dennoch darf man als Pferdefreund eine Vorliebe für eine bestimmte Fellfarbe haben. Es gibt Rassen, für die eine bestimmte Farbe typisch ist, zum Beispiel Friesen, die immer schwarz sind oder Fjordpferde, die nur als Falben vorkommen. Die meisten Rassen gibt es jedoch in verschiedenen Farben und Schattierungen. Hier siehst du die wichtigsten Fellfarben:

Fellfarben

Weißgeborene: *Weiße Pferde, die schon weiß zur Welt kommen. Sie haben eine rosa Haut.*

Schimmel: *Sie kommen dunkel zur Welt und haben eine dunkle Haut.*

Apfelschimmel: *eine Übergangsfarbe vom dunkel geborenen Fohlen zum schneeweißen Schimmel*

Fliegenschimmel: *Schimmel mit kleinen, fliegengroßen braunen oder schwarzen Punkten*

Dauerschimmel (Red Roan): *Das Fell am Körper ist stichelhaarig, Kopf und Beine rotbraun.*

Dauerschimmel (Blue Roan): *Wie der braune Dauerschimmel, die Grundfarbe ist jedoch schwarz.*

***Schecke:** braunweiß oder schwarzweiß gescheckte Pferde*

***Tigerschecke:** weißes Pferd mit braunen oder schwarzen ovalen, golfballgroßen Flecken*

***Isabelle:** hell sandfarbenes bis goldschimmerndes Pferd mit weißem Langhaar*

***Lichtfuchs:** rötliches Pferd mit blondem Langhaar*

***Fuchs:** rotbraunes Pferd mit gleichfarbiger oder hellerer Mähne*

***Dunkelfuchs (windfarben):** dunkelbraunes, fast schwarzes Fell mit grauem oder hellblondem Langhaar*

***Falbe:** gelbliches bis graues Fell mit schwarzem Langhaar und Aalstrich*

***Brauner und Schwarzbrauner:** braunes Fell in unterschiedlichen Schattierungen, schwarzes Langhaar*

***Rappe:** schwarzes Pferd*

Abzeichen

Was für dich dein Fingerabdruck ist, ist beim Pferd das Abzeichen. So nennt man die weißen Stellen am Kopf und an den Beinen, die bei jedem Pferd einzigartig sind. Nicht alle Pferde haben Abzeichen. Bei manchen Rassen sind sie verpönt, bei anderen dagegen heiß begehrt. Und so heißen die verschiedenen Abzeichen:

Flocke

Stern und Schnippe

Keilstern

Schmale Blesse

Breite Blesse

Laterne

Milchmaul

Krötenmaul

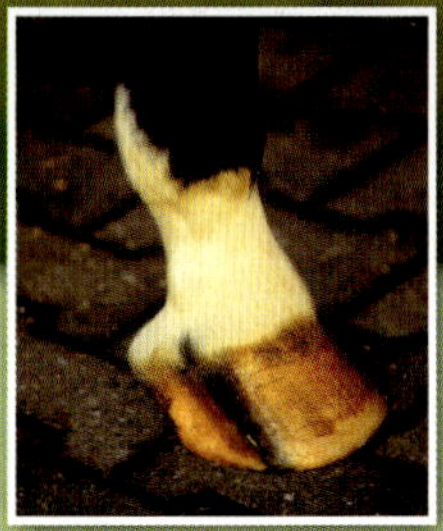

Weiße Fessel

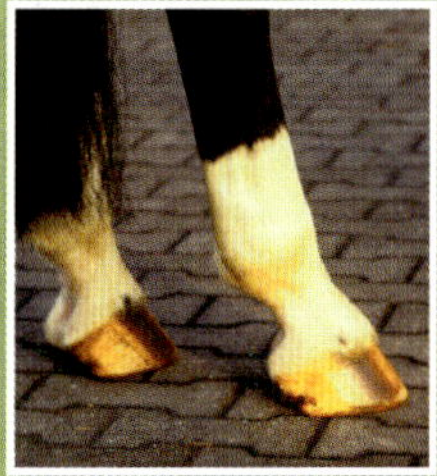

Halbweißer Fuß

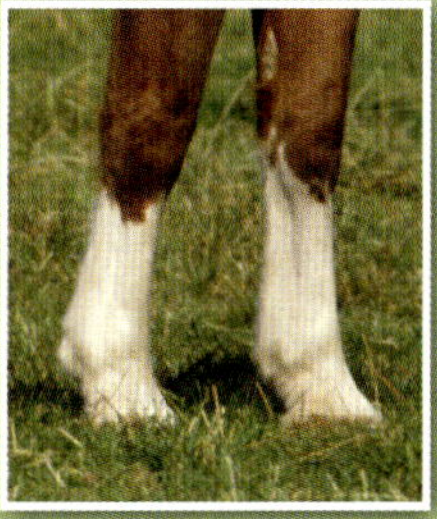

Weißer Fuß

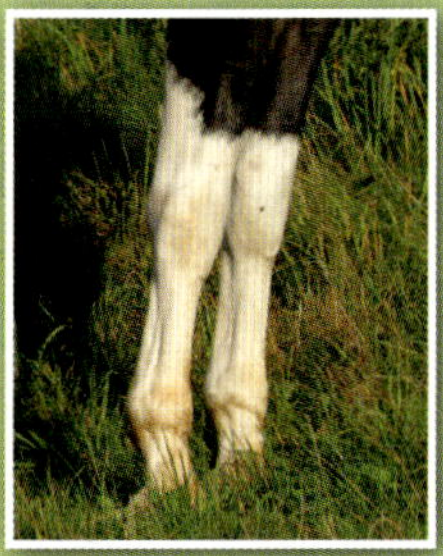

Hochweißer Fuß

Die Gangarten

Alle Pferde verfügen über die Grundgangarten Schritt, Trab und Galopp. Jede Gangart können sie in verschiedenen Geschwindigkeiten zeigen, doch die Fußfolge bleibt gleich.

Der Schritt ist die langsamste Gangart. Die Hufe werden nacheinander im Viertakt aufgesetzt. Zwei oder drei Füße sind immer am Boden. Schritt ist für den Reiter bequem zu sitzen und das Pferd verbraucht wenig Energie.

Beim Trab bewegen sich die diagonalen Beinpaare parallel im Zweitakt. Jeweils zwei sind am Boden. Vor dem Wechsel gibt es eine kurze Schwebephase, in der alle Viere in der Luft sind.

Der Galopp ist die schnellste Gangart. Ein, zwei oder drei Beine sind am Boden, dazwischen liegt eine Schwebephase, die länger ist als im Trab. Der Galopp ist ein Dreitakt.

Pferderassen

Und in der Tat, ein Pferd, das sich stolz trägt,
ist etwas so Schönes, Bewunderns-
und Staunenswürdiges,
dass es aller Zuschauer Augen auf sich zieht.
Keiner wird müde, es anzuschauen,
solange es sich in seiner Pracht zeigt.
(Xenophon)

In der gemeinsamen Geschichte von Mensch und Pferd formte der Mensch das Tier nach seinen Vorstellungen und für seine Zwecke. Heute gibt es weltweit gut 200 Pferderassen, von denen jede ihre eigene Schönheit, ihre speziellen Fähigkeiten, Charaktere und Temperamente hat.

Die vier Pferdetypen

Die Bezeichnung Vollblut, Warmblut oder Kaltblut hat weder mit der Bluttemperatur noch mit der Blutmenge zu tun. Alle Pferde haben eine Körpertemperatur von 37,5 bis 38,5 Grad C und eine Blutmenge, die ca. 10 Prozent seines Gewichts ausmacht.

Vollblut

Schnell wie der Wind

Schlank, sensibel und pfeilschnell sind Vollblutpferde. Sie sind die Galopprennpferde schlechthin. Die Bezeichnung Vollblut leitet sich von ihrer Reinblütigkeit ab, so stammen Englische Vollblüter seit Jahrhunderten immer nur von Englischen Vollblütern ab. Keine andere Rasse darf eingekreuzt werden. Dasselbe gilt für das Arabische Vollblut.

Warmblut

Athlet und Allrounder

Warmblut ist die Beschreibung für alle gängigen Reit- und Kutschpferderassen. Früher, als Pferde noch vorwiegend als Arbeitspferde dienten, waren Warmblüter deutlich schwerer als heute. Erst im 20. Jahrhundert wurden sie durch Einkreuzung von Englischem und Arabischem Vollblut zum heutigen Sportpferdetyp veredelt.

Die Einteilung steht eher für die Unterschiede in Temperament und Kaliber – so nennt man beim Pferd das Verhältnis zwischen Gewicht und Stockmaß. Kaltblüter haben viel Kaliber, bei zierlichen Rassen wie Araber oder Englischem Vollblut spricht man von leichtem Kaliber.

Kaltblut

Starke Typen

Ihr Blut ist nicht kälter – der Name hat eher mit ihrem behäbigen Temperament zu tun. Kaltblüter müssen aber auch keine Raketen sein, sondern verlässliche Arbeitspferde. Knochen und Muskulatur der Kaltblüter sind stark genug auch schwere Lasten zu ziehen und zu tragen.

Pony

Clevere Knirpse

Als Ponys bezeichnet man bei uns alle Pferde und Ponys bis zu einer Widerristhöhe von 1,48 Metern. Die Rasse spielt keine Rolle. Dennoch sind die typischen Ponyrassen kleiner, mit dicker Wuschelmähne und aufgewecktem Charakter. Schlau wie Ponys sind, lassen sie sich nicht alles gefallen, dennoch sind sie geduldige und liebenswerte Reitpferde und Kuschelfreunde für Kinder.

Vorführung der spanischen Reitweise bei einer Pferdeschau

Andalusier

Der Elegante

Andalusier ist eigentlich eine veraltete Rassebezeichnung. Da das spanische Pferd im ganzen Land gezüchtet wird, heißt es korrekt „Pura Raza Española“, kurz PRE, das steht für „Reine Spanische Rasse“.
Pferdezucht hat in Spanien eine lange Tradition. Hier liegt die Wiege der Hohen Schule der Reitkunst. Andalusier haben ein angeborenes Talent für Lektionen wie Piaffe, Passage oder Pirouette. Mit tänzerischen Bewegungen, stolzem Blick und wallender Mähne haben Andalusier eine einzigartige Ausstrahlung.
Ihr Einfluss ging um die ganze Welt. Europäische Rassen wurden mit Andalusiern veredelt, und fast alle amerikanischen Rassen führen das Blut, dass mit den Pferden der spanischen Eroberer auf den Kontinent gelangte.

Steckbrief

Herkunft:	Spanien
Größe:	152 bis 162 cm Stockmaß
Exterieur:	Meist Schimmel und Braune, keine Schecken. Gerades bis leicht konvexes Profil. Quadratischer Körperbau, üppiges Langhaar
Charakter:	Stolz, gelehrig, mutig, menschenbezogen
Eignung:	Dressur, Barock, Freizeitreiten
Geschichte:	Schon um 300 bis 400 n. Chr. war das Spanische Pferd bekannt und ähnelte dem heutigen Typ. Während der maurischen Herrschaft mäßiger Einfluss durch Berberpferde aus Nordafrika.

Stolze Schönheit: Andalusierhengst

Appaloosa

Das Indianerpferd

Äppi wird er liebevoll von seinen Freunden genannt. Der Appaloosa ist bekannt für sein gepunktetes Fell, das in verschiedenen Zeichnungen vorkommt. Wie die meisten amerikanischen Rassen stammen die auffälligen Schecken von spanischen Pferden ab. Die Indianer fingen verwilderte Pferde ein und zähmten sie. Der Stamm der Nez Percé, der im Palouse-Gebiet im Nordwesten Amerikas angesiedelt war, fand Gefallen an bunten Pferden und züchtete gezielt die getupften Tiere, die nach ihrer Heimat (A Palouse Horse) benannt wurden. Appaloosas sind heute weltweit verbreitet und vor allem bei den Westernreitern heiß begehrt.

Stute mit Fohlen im Blanket-Muster (Blanket: englisch für Decke)

Appaloosas sind talentierte Westernpferde.

Steckbrief

Herkunft: USA
Größe: 142 bis 162 cm Stockmaß
Exterieur: Tigerschecken in verschiedenen Mustern. Edler Kopf, muskulöser Körperbau. Spärliche Mähnen- und Schweifhaare
Charakter: Leistungsbereit, gelassen, vielseitig, ausdauernd
Eignung: Western, Freizeit- und Wanderreiten
Geschichte: Getupfte Pferde sind schon im Spanien des Mittelalters bekannt. Mit den Spaniern gelangten auch sie nach Amerika und in die verwilderten Mustangherden. Das Volk der Nez Percé begründete mit ihnen die Zucht der bunten Pferde.

Steckbrief

Herkunft: Syrien/ Arabische Halbinsel
Größe: um 150 cm Stockmaß
Exterieur: Vorwiegend Schimmel, auch Braune, Füchse, Rappen. Zierlicher Körperbau, hoch erhobener Kopf mit konkavem Profil, dem sogenannten Hechtkopf
Charakter: Sensibel, ehrlich, schnell, ausdauernd
Eignung: Distanz, Rennen, Freizeitsport
Geschichte: Schon vor über 4000 Jahren gab es im Orient Pferde. Die Wertschätzung und die Reinzucht geht auf den Propheten Mohammed im 7. Jahrhundert n. Chr. zurück. Seit zweihundert Jahren gibt es Araber auch in Europa.

Schneeweiße Schönheit: Vollblutaraberhengst

Arabisches Vollblut

Der Vollkommene

Wenn ein Pferd von sich behaupten darf, das schönste und edelste der Welt zu sein, dann ist es der Vollblutaraber. Kaum jemand kann sich der Faszination dieser stolzen und temperamentvollen Tiere entziehen. Ihre Bewegungen sind voller Grazie, die Augen feurig, die Nüstern weit. Trotz der zierlichen Erscheinung sind Araber ausgesprochen harte, genügsame und leistungsfähige Pferde mit aufrichtigem Charakter. Auf Gewalt und Ungerechtigkeit reagieren die empfindsamen Tiere mit Nervosität und Verweigerung. Wer ihm jedoch Liebe, Geduld und Verständnis entgegenbringt, hat im Arabischen Vollblut den besten und treusten Freund fürs Leben.

Araber sind unschlagbar auf Distanzrennen.

Berber

Der Anhängliche

Neben dem Araber ist der Berber eine der ältesten Pferderassen der Welt. Er stammt aus den Ländern Nordafrikas, vor allem aus Marokko, Algerien und Tunesien. Die nordafrikanischen Nomadenstämme nutzten die starken, mutigen Tiere als Transportmittel und Kriegspferde und verehrten sie sehr. Die Verbindung war sogar so eng, dass die Pferde bei ihren Herren im Zelt lebten. So entwickelten Berberpferde eine besondere Nähe und Treue zum Menschen. Diese Bindung schätzen heute viele Freizeitreiter und sagen: „Der Berber ist der einzige Hund, den man reiten kann."

Ausdrucksvolles Showpferd

Voller Lebensfreude auf der Sommerweide

Steckbrief

Herkunft: Marokko, Algerien, Tunesien
Größe: 148 bis 160 cm Stockmaß
Exterieur: Vielfach Schimmel, auch Braune, Falben, Füchse, Rappen. Quadratischer Körperbau kräftiger Rücken, stahlharte Hufe. Die Stirnlinie ist gerade, zuweilen leichter Ramskopf
Charakter: Menschenbezogen, mutig, gelassen
Eignung: Distanz, Show, Dressur, Freizeitreiten
Geschichte: Ihr Ruf als mutige Kriegspferde brachte nordafrikanische Pferde schon zur Römerzeit nach Europa. Mit den Mauren kamen sie nach Spanien und beeinflussten eine Vielzahl europäischer und amerikanischer Rassen.

Steckbrief

Herkunft: Frankreich
Größe: 135 bis 145 cm Stockmaß
Exterieur: Ausschließlich Schimmel. Kopf oft recht groß mit hellwachen Augen. Hoch getragener Hals, kurzer Rücken, kräftige Knochen, große Hufe, üppiger Behang
Charakter: Temperamentvoll, flink, genügsam, kerngesund
Eignung: Reiterspiele, Freizeitreiten, Rinderarbeit
Geschichte: Vermutlich gehen Camargue-Pferde auf das prähistorische Solutré-Pferd zurück. Schriftlich dokumentiert wurden sie erstmals durch die Römer. Später beeinflussten Araber und Berber die Rasse.

Die Schimmel sind perfekt an das Leben im Sumpf angepasst.

Camargue-Pferd

Die Wasserratte

Das Mündungsgebiet der Rhône im Süden Frankreichs ist durchzogen von Sümpfen, Flussläufen und Seen. Nicht gerade der ideale Lebensraum für Pferde. Dennoch grasen hier weiße Pferde, die so berühmt sind wie die Region selbst: die Camargue.
Die Schimmel der Camargue haben sich dem Leben im Sumpf perfekt angepasst. Ihre Hufe sind breit, um ein tiefes Einsinken zu verhindern. Außerdem können sie Schilfgräser unter Wasser fressen. Ihre Nüstern schließen sich, wenn die Maulpartie untertaucht.
Die französischen „Cowboys" – Gardians genannt – nutzen Camargue-Pferde zur Rinderarbeit. Darüber hinaus sind die robusten Schimmel als Sport- und Freizeitpferde begehrt. Es gibt sogar Camargueturniere, bei denen es auf Rasanz und Geschick ankommt. Das liegt den kleinen Temperamentsbündeln im Blut.

Stolzer Gardian mit seinem Camarguehengst

Connemara-Pony

Das Multitalent

Mit seiner Größe von 128 bis 148 cm Stockmaß ist das Connemara-Pony ein Pferd für Kinder und Erwachsene. Gutmütig, leistungsbereit, lauf- und springfreudig macht es das Reiten zum Vergnügen und ist praktisch für jede Art des Pferdesports zu haben. Dank seines freundlichen Charakters und der robusten Gesundheit ist es ein pflegeleichter und umgänglicher Begleiter. Im Turniersport entwickelt es großen Ehrgeiz. So wurde das Connemara-Pony Stroller berühmt, das bei den Olympischen Spielen 1968 Silber im Springreiten gewann. Eine Riesenleistung für so ein kleines Pferd.

Steckbrief

Herkunft: Irland
Größe: 128 bis 148 cm Stockmaß
Exterieur: Häufig Schimmel, alle Farben außer Schecken. Hübscher Kopf mit freundlichen Augen. Sportlicher Körperbau, schöne Bewegungen
Charakter: Grundehrlich, intelligent, ausdauernd, vielseitig
Eignung: Springen, Fahren, Geländereiten
Geschichte: Connemara ist eine karge Hügellandschaft im Westen Irlands, in der sich ein genügsames und trittsicheres Pony entwickelte. Durch Einkreuzung von Berbern, Arabern, Vollblütern und Welsh entstand der heutige sportliche Typ.

Liebenswerte Freizeitpartner: Connemara-Ponys

Connemara-Pony in dunkelbraun

Ein Pferd mit Sinn für Kühe

Criollo

Der Rinderfreund

In seiner Heimat Südamerika gibt es eine einzigartige Zuchtprüfung für Criollos: Ein Ritt von 750 km innerhalb von 14 Tagen und zwar ohne vorausgehendes Training und ohne Kraftfutter. Auf diese Art wird nur die Leistungsfähigkeit der Pferde bewertet und nicht die beste Vorbereitung.
Criollos werden von den Gauchos, den südamerikanischen Rinderhirten, für Viehtriebe genutzt. Sie haben den sogenannten „Cow Sense", also ein Gespür für Kühe. Seit den 1980er-Jahren gibt es die robusten Arbeitspferde auch bei uns. Sie sind besonders bei Westernreitern beliebt.

Bunte Criollo-Herde

Steckbrief

Herkunft: Südamerika
Größe: 138 bis 150 cm Stockmaß
Exterieur: Alle Farben. Leichter Ramskopf, kompakter, gedrungener Körperbau, kräftige Muskeln, kleine, harte Hufe
Charakter: Eifrig, zäh, nervenstark, trittsicher
Eignung: Western, Distanz, Wanderreiten, Freizeitreiten
Geschichte: Alle Pferde in Südamerika stammen von den Pferden der spanischen Einwanderer ab. Sie wurden zur Feld- und Rinderarbeit auf riesigen Estancias (Farmen) eingesetzt.

Curly Horse

Der Lockenprinz

Curly heißt lockig und beschreibt das einzigartige Fell dieser Rasse: Vor allem das Winterfell der Curlys ist von Kopf bis Fuß gekräuselt. Viele Geheimnisse ranken sich um die Herkunft der auffälligen Pferde. Eine große Zahl fand sich in kalten Regionen Nordamerikas, wo sie mit den wilden Mustangherden lebten. Das krause Fell erscheint vereinzelt auch bei anderen Rassen, zum Beispiel beim Araber oder beim Camargue-Pferd. Eins ist allen Curlys gemeinsam: Sie sind hypoallergen, das heißt, Menschen mit Pferdeallergie haben keine oder deutlich weniger Schnupfen, Asthma oder Hautausschläge als bei anderen Pferden. Aber auch Pferdefreunde ohne Allergie schätzen die extreme Robustheit, Vielseitigkeit und den unvergleichlichen Look dieser plüschigen Pferde.

Lockenfamilie: Stute mit Fohlen auf der Frühlingswiese

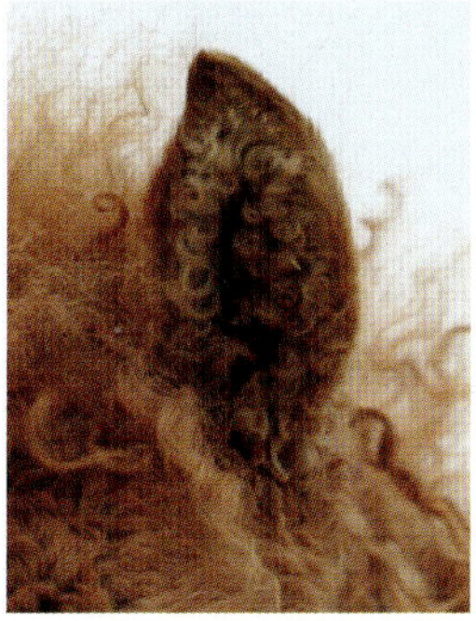

Die Haare in den Ohren sind besonders lockig.

Absolut winterfest: Die robusten Curly Horses

Steckbrief

Herkunft:	USA
Größe:	ab 135 cm Stockmaß
Exterieur:	Alle Farben. Körperbau uneinheitlich, Fell und Langhaar gelockt, es kommen auch glatthaarige Curlys vor.
Charakter:	Nervenstark, unkompliziert, robust
Eignung:	Freizeitreiten und -fahren
Geschichte:	Der Ursprung der Curlys ist unklar. Sicher ist, dass Crow und Sioux Indianer vor ca. 200 Jahren schon gelockte Pferde hatten. Ein Rancher in Nevada begann die erste Zucht mit Pferden aus freier Wildbahn.

Pferdchen zum Liebhaben: Dartmoorponys

Steckbrief

Herkunft: England
Größe: 116 bis 127 cm Stockmaß
Exterieur: Meist Rappen und Braune, selten Füchse und Schimmel, keine Schecken. Hübscher, feiner Kopf mit großen Augen, langer Hals, kräftiger Körper
Charakter: Freundlich, geduldig, genügsam
Eignung: Kinderreitpferd, Fahrpferd
Geschichte: Schon seit 1000 Jahren leben wilde Ponys im Hochmoor Südwestenglands. Durch Einkreuzung von Arabern und Vollblütern entstand ein typvolles Reitpony.

Dartmoor-Pony

Der Sanftmütige

Manche Ponyrasse ist bekannt für ihren Dickkopf und Eigensinn. Kinder haben es wegen ihrer geringen Größe oft schwer, sich durchzusetzen. Ganz anders das Dartmoor-Pony: Es ist ein freundliches, geduldiges und williges kleines Reitpony, auf dem Kinder nicht den Spaß am Reiten verlieren. Im Gegenteil: Dank ihrer sportlichen Talente, tragen sie kleine Reiter sicher über den Springparcours oder auf Geländestrecken.
Seit vielen Generationen schätzen auch die englischen Könige ihre Qualitäten und lehren ihre Kleinen auf Dartmoor-Ponys das Reiten. Wird ein Kind zu groß für sein Dartmoor-Pony, lässt sich das Pony prima einfahren und vor einen Sulky oder mit einem zweiten vor eine kleine Kutsche spannen.

Brave Ponys für den Reitunterricht

Deutsches Reitpony

Warmblut im Kleinformat

Der Ehrgeizige

Das Deutsche Reitpony sieht eigentlich aus wie ein kleines Warmblut. Und es kann praktisch auch alles, was ein großes Sportpferd kann: Es springt wie ein Gummiball, saust wie der Blitz und stolziert wie ein Tänzer. Für Kinder und Jugendliche ist es ein handliches Turnierpferd. Es ist so eifrig bei der Sache, dass es schon mal richtig heiß wird und schwer zu bändigen ist. Gute Reiter können es aber bis in die schwierigsten Klassen mit ihm schaffen. Reitponys sind jedoch auch liebenswerte Freizeitpferde.

Deutschen Reitponys ist die Freude am Springen anzumerken.

Steckbrief

Herkunft: Deutschland

Größe: 138 bis 148 cm Stockmaß

Exterieur: Alle Farben. Warmblut im Kleinformat mit harmonischem Körperbau, guter Muskulatur, starken Sehnen und Gelenken

Charakter: Sportlich, lebhaft, gelehrig, aufmerksam

Eignung: Turnier- und Freizeitpferd für Jugendliche

Geschichte: Das Reitpony entstand durch Kreuzung englischer Ponys, vor allem Welsh, mit Vollblütern und Arabern. Die Zucht begann in den 1960er-Jahren.

Deutsches Reitpferd

Der Champion

Weltweit ist die deutsche Pferdezucht führend in den Reitsportdisziplinen Dressur, Springen und Vielseitigkeit. Keiner macht einem Warmblut „Made in Germany" etwas vor, und viele Reiter anderer Länder satteln ebenfalls Hannoveraner, Holsteiner und Co., wenn sie im internationalen Turniersport siegen wollen.
Dabei waren die meisten Warmblutrassen früher schwere Arbeits- und Wagenpferde. Ihre Dienste wurden im 20. Jahrhundert mehr und mehr von Motoren und Maschinen übernommen, folglich ging ihr Bestand drastisch zurück. Doch was Reiche und Adelige schon seit Jahrhunderten praktizierten, entdeckten nun breite Bevölkerungsschichten: Reiten als Sport und Zeitvertreib. Dazu gehörte es bald, auf Turnieren gegeneinander anzutreten. Pferdezüchter veredelten die schweren Arbeitstiere nach und nach zum athletischen Sportpferdetyp.

Hannoveraner

Steckbrief

Herkunft: Niedersachsen
Größe: 160 bis 185 cm Stockmaß
Exterieur: Braune, Rappen, Füchse, Schimmel. Athletischer Körperbau im Rechteckformat, das heißt, länger als hoch. Gerader Kopf, langer, beweglicher Hals, schräge Schulter, kräftige Gliedmaßen
Charakter: Gelehrig, aufmerksam, ausgeglichen
Eignung: Reit- und Fahrpferd für höchste Ansprüche, Freizeitreiten
Geschichte: Schon im 16. Jahrhundert als Pferd für die Landwirtschaft und fürs Militär genutzt. Seit 200 Jahren Veredelung durch Vollblüter und Trakehner. Die Hannoveraner-Zucht gilt als Vorreiter in der Spezialisierung auf Dressur und Springen.

Hannoveraner: Könner im Dressurviereck

Das Warmblut ist aber nicht nur Turnierpferd. Genauso gut trägt es Freizeitreiter durch die Wälder oder dreht in Reitschulen geduldig seine Runden, um Pferdefreunden das Reiten beizubringen. Da die Ansprüche an Reit- und Sportpferde in ganz Deutschland die gleichen sind, sehen sich die Warmblutrassen der verschiedenen Bundesländer heute recht ähnlich und werden unter dem Begriff „Deutsches Reitpferd“ zusammengefasst. Auf den nächsten Seiten eine Auswahl bedeutender Rassen und Zuchtgebiete.

Westfale

Westfälischer Hengst in einer Vielseitigkeitsprüfung

Steckbrief

Herkunft: Nordrhein-Westfalen
Größe: 165 bis 172 cm Stockmaß
Exterieur: Braune, Füchse, seltener Rappen, Schimmel. Muskulöser Sportpferdetyp. Weniger Vollblutanteil als der Hannoveraner, daher etwas gröber
Charakter: Zuverlässig, eifrig, belastbar
Eignung: Sportpferd für alle Disziplinen, Freizeitreiten
Geschichte: Auch der Westfale war ursprünglich ein Pferd der Bauern. Nach dem Zweiten Weltkrieg veredelten die Züchter ihre Pferde jedoch hauptsächlich mit Hannoveranern, Trakehnern und Holsteinern, weniger mit Vollblütern und Arabern.

Oldenburger

Steckbrief

Herkunft: Niedersachsen
Größe: 165 bis 179 cm Stockmaß
Exterieur: Braune, Füchse, Rappen, Schimmel. Kräftiges, langbeiniges Sportpferd mit starken Knochen und Gelenken
Charakter: Starker Charakter, verlässlich, gutmütig
Eignung: Dressur, Springen, Vielseitigkeit, Fahren, Freizeitreiten
Geschichte: Der Oldenburger war lange ein recht schweres Zugpferd. Durch Einkreuzung von Hannoveranern, Holsteinern, und Vollblütern wurde er Mitte des letzten Jahrhunderts zum eleganten Sportpferd veredelt.

Nicht nur Sportskanonen, sondern auch verlässliche Kutschpferde

Rheinisches Warmblut

So soll ein Warmblut aussehen: Aufmerksam, elegant, sportlich

Steckbrief

Herkunft: Rheinland-Pfalz, Saar
Größe: 160 bis 170 cm Stockmaß
Exterieur: Braune, Füchse, Rappen, Schimmel. Athletischer Sportpferdetyp mit harmonischem Körperbau und energischen Bewegungen
Charakter: Angenehmes Temperament, treu, leistungsbereit
Eignung: Reit- und Fahrpferd für Sport und Freizeit
Geschichte: Das Rheinland war bis ins letzte Jahrhundert vor allem Kaltblutzuchtgebiet. Die Warmblutzucht wurde erst nach dem Zweiten Weltkrieg aufgebaut und stützt sich vor allem auf Westfalen, Hannoveraner und Trakehner, später auch Vollblüter.

Holsteiner

Steckbrief

Herkunft: Schleswig-Holstein
Größe: 165 bis 175 cm Stockmaß
Exterieur: Braune, Füchse, Rappen, Schimmel Ausdrucksvoller Kopf, gut bemuskelter Hals und großrahmiger Körperbau. Ausgeprägter Widerrist, gute Oberlinie, starke Knochen
Charakter: Nervenstark, sportlich, zuverlässig
Eignung: Ausnahmespringpferd, Dressur, Fahren, Freizeitreiten
Geschichte: Die Pferdezucht in Schleswig Holstein geht zurück bis ins 14. Jahrhundert. Mithilfe von Vollbluthengsten wurde nach dem Zweiten Weltkrieg aus dem Arbeitspferd ein Sportpferd gezüchtet.

Echter Überflieger: Holsteiner überm Sprung

Mecklenburger

Steckbrief

Herkunft: Mecklenburg-Vorpommern
Größe: 150 bis 170 cm Stockmaß
Exterieur: Braune, Füchse, Rappen, Schimmel. Schöner Kopf mit wachen Augen. Sportlicher Körperbau, kräftige Muskulatur. Harmonischer Gesamteindruck
Charakter: Gutmütig, eifrig, aufrichtig
Eignung: Dressur, Springen, Freizeitreiten, Fahren
Geschichte: In der Zeit der DDR wurden alle ostdeutschen Rassen zum „Edlen Warmblut der DDR" vereinheitlicht. Erst nach der Wiedervereinigung kehrte man zurück zu den alten Landeszuchten.

Ideal für Sport und Freizeit: Mecklenburger

Steckbrief

Herkunft:	Deutschland
Größe:	125 bis 135 cm Stockmaß
Exterieur:	Fast ausschließlich Falben in allen Abstufungen. Kleines, stabiles Pferd mit Wildpferdmarkierungen wie Aalstrich und Zebrastreifen an den Beinen
Charakter:	Gutmütig, freundlich, robust, kerngesund, genügsam
Eignung:	Freizeitreiten und -fahren
Geschichte:	Erste Erwähnung im Jahr 1316. Im 19. Jahrhundert vom Menschen stark zurückgedrängt, doch Herzog Alfred von Croÿ errichtete 1847 eine Wildbahn mit Wald und Graslandschaft für sie.

Die Pferde leben in natürlichen Familienverbänden.

Dülmener

Der Wilde

Für Naturfreunde sind sie Kult: Die kleinen Dülmener Wildpferde im Merfelder Bruch nahe der Stadt Dülmen. Ca. 350 Pferde leben weitgehend frei und sich selbst überlassen auf dem Land der Herzöge von Croÿ. Mangels natürlicher Feinde besteht die Gefahr, dass die Pferde sich zu stark vermehren. Deshalb werden jedes Jahr im Mai in einer öffentlichen Veranstaltung Jährlingshengste aus der Herde herausgefangen und an Privatleute versteigert.

Mit bloßen Händen werden die Jährlinge eingefangen.

Englisches Vollblut

Der Siegertyp

Ein Pferd der Superlative ist das Englische Vollblut. Gezüchtet für den Rennsport, ist es das schnellste Pferd der Welt und erreicht über 70 Stundenkilometer. Vollblüter sind außerdem die teuersten Pferde der Welt – mancher Siegertyp wechselte für mehrere Millionen Dollar den Besitzer. Der Begriff Vollblut steht für die jahrhundertealte Reinzucht. Die edlen Superstars werden weltweit im Sport und zur Veredelung unzähliger Pferde- und Ponyrassen eingesetzt.

Tiefe Brust, athletischer Körper: Ein Pferd wie ein Windhund

Kämpfer mit Herz: Galopper auf der Rennbahn

Steckbrief

Herkunft: Großbritannien

Größe: 152 bis 173 cm Stockmaß

Exterieur: Meist Braune und Füchse, seltener Rappen und Schimmel. Edler Kopf mit großen Augen, feinknochiger Körperbau, tiefe Brust, starke Rippenwölbung, lange Beine

Charakter: Empfindsam, ehrgeizig, schnell, vielseitig, leistungsbereit

Eignung: Galopprennsport, Vielseitigkeit, Springen, Dressur

Geschichte: Die Reinzucht des Vollbluts begann im frühen 18. Jahrhundert und geht auf drei Gründerhengste zurück: Byerly Turk (Achal Tekkiner), Darley Arabian (Arabisches Vollblut) und Godolphin Barb (Berber).

Verlasspferde für große und kleine Reiter

Fjordpferd

Der Unverwüstliche

Nur wenige Rassen haben ein so unverwechselbares Aussehen wie das norwegische Fjordpferd. Handliche Größe, gelblich bis mausgrau das Fell, die Mähne schwarzweiß und oft zur charakteristischen Stehmähne geschnitten, große glänzende Knopfaugen, den Schalk im Nacken. Man muss sie einfach mögen, auch wenn manche mit einer gewissen Dickfelligkeit ihrem Reiter das Leben zuweilen schwer machen.
Jahrhundertelang dienten die kleinen starken Falben in Norwegen als Arbeitspferde in der Landwirtschaft. Sie halfen, Äcker zu bearbeiten und die Ernte zum Markt zu tragen. Da mussten

Mit zwei Fjord-PS über die Frühlingswiese

Küsschen für das Fohlen

Unverfroren: So schnell wird es einem Fjordi nicht zu kalt.

sie ausdauernd, verlässlich und trittsicher sein. Deswegen sind heute auch Freizeitreiter mit einem Fjordi gut bedient: Kerngesund, bärenstark und durch nichts zu erschüttern, außerdem einfach in der Haltung und genügsam, was die Fütterung betrifft. Eher neigen sie zum Dickwerden, wenn sie zu wenig Bewegung und zu viel Gras bekommen.
Für viele Reitschulen sind die coolen Nordlichter wahre Schätze im Stall. Sie tragen große, kleine, schwere und leichte Reiter, sind bei jedem Wetter einsatzbereit, praktisch scheufrei und somit sicher für Anfänger und Ängstliche. Wegen ihrer Ruhe werden sie auch gern als Therapiepferde für kranke und behinderte Kinder eingesetzt.

Steckbrief

Herkunft: Norwegen
Größe: 135 bis 150 cm Stockmaß
Exterieur: Falben von fahlgelb, rötlich bis mausgrau. Häufig Aalstrich und Zebrierung an den Beinen. Hübscher Kopf mit großen Augen, kräftiger Körper, runde Formen, schwarz-weißes Langhaar
Charakter: Gemütlich, eigenwillig, robust, unerschrocken, verlässlich
Eignung: Freizeitreiten und -fahren, Reitschulpferd, Therapiepferd
Geschichte: Schon seit über 1000 Jahren bäuerliches Arbeitspferd in Norwegen. Seit 1820 organisierte Fjordpferdezucht. In den 1970er-Jahren traten Fjordis ihren Siegeszug als Freizeitpferde in ganz Europa an.

Füchse und Braune von hell bis dunkel

Freiberger

Der Zuverlässige

Die steilen Bergweiden in der Schweiz verlangen vom Pferd Vorsicht, Trittsicherheit und Muskelkraft. Dem Freiberger sind diese Qualitäten in die Wiege gelegt. Schon von Fohlenbeinen an erklimmen Freiberger die Hügel und Berge des Alpenlandes und lernen dabei spielend sicheres Auftreten. Als leichte Kaltblüter sind sie außerdem willige und starke Reit-, Fahr- und Packpferde. Bis heute schätzt die Schweizer Armee deswegen die Dienste der Freiberger, ansonsten sind die treuen Tiere verlässliche Freizeitpferde für die ganze Familie.

Steckbrief

Herkunft:	Schweiz
Größe:	150 bis 160 cm Stockmaß
Exterieur:	Überwiegend Braune und Füchse, vereinzelt Stichelhaarige. Leichtes, harmonisches Kaltblutpferd mit muskulösem Körperbau
Charakter:	Mutig, menschenbezogen, umgänglich
Eignung:	Freizeitreiten und -fahren
Geschichte:	Die Rasse entstand im 19. Jahrhundert. Kräftige Schweizer Arbeitspferde wurden mit Warmblütern aus England und Frankreich gekreuzt, daraus entstand der heutige Typ.

Schlittenfahrt mit Freibergern in den Schweizer Alpen

Friese

Das Traumpferd

Groß, schwarz, glänzend, mit sanften Augen, wallender Mähne und erhabenen Bewegungen. So sieht das Traumpferd vieler Reiter aus. Der Friese entspricht diesem Bild ganz und gar und ist deshalb eine der begehrtesten Rassen überhaupt. Die „Schwarzen Perlen“, wie Friesenfreunde sie liebevoll nennen, sind anhängliche Ein-Personen-Pferde. „Ihrem“ Menschen geben sie alles. Spielend lernen sie schwierigste Dressur- und Zirkuslektionen, außerdem sind sie erstklassige Kutschpferde.

Friesen haben eine einzigartige Ausstrahlung.

Die Schwarzen Perlen haben Spaß an Dressurlektionen.

Steckbrief

Herkunft: Niederlande

Größe: 155 bis 175 cm Stockmaß

Exterieur: Ausschließlich Rappen. Majestätische Erscheinung. Kräftige Pferde mit hochgetragenem Hals, üppigem oft gewelltem Langhaar und Fesselbehang

Charakter: Menschenbezogen, empfindsam, treu, gelehrig

Eignung: Dressur- und Fahrsport, Show, Freizeitreiten und -fahren

Geschichte: Vor hundert Jahren war das Friesenpferd, das auf Kaltblüter und Andalusier zurückgeht, fast ausgestorben. Einige Liebhaber entdeckten Friesen als Freizeitpferde und brachten die Rappen wieder in Mode.

Haflinger

Der Charakterkopf

In ihrer Heimat, den Südtiroler Alpen, sind Haflinger bis heute Nutz- und Arbeitstiere. Sie schleppen Lasten über schmale Saumpfade und helfen geschickt bei der Feldarbeit und im Wald beim Holzrücken. Als der Reitsport an Bedeutung gewann, entpuppten sich die fleißigen Arbeitsbienen als echter Allrounder. Jetzt erst kam der typische Haflingerlook – Fuchs mit Blondmähne – in Mode. Davor gab es die Pferde aus Südtirol auch in anderen Farben.

Sicher trägt der Haflinger seinen Reiter durch jedes Gelände. Kein Weg ist ihm zu steil, keine Strecke zu lang, und aus der Ruhe bringt ihn so leicht nichts.

Doch auch sportlich ist Blondi ein Ass. Ob Springen, Dressur oder Western – Haflinger geben überall ihr Bestes und zeigen sogar auf Turnieren erstaunliche Leistungen. Ihr Spezialgebiet ist das Fahren. Egal ob ein- oder mehrspännig – Hafis legen sich mächtig ins Zeug.

Haflinger haben einen starken Willen und können zaghafte Reiter schon mal zur Verzweiflung bringen. Was manche für Starrsinn halten, ist in Wahrheit Intelligenz und Selbstbewusstsein. Wer sich auf dieses Charakterpferd versteht, hat in ihm den besten Kumpel.

Haflinger sind die Lieblinge unzähliger Freizeitreiter.

Steckbrief

Herkunft:	Italien
Größe:	138 bis 155 cm Stockmaß
Exterieur:	Füchse mit hellem Langhaar. Kräftiges Kleinpferd mit starken Knochen und Gelenken. Hübscher, recht edler Kopf, große, lebendige Augen
Charakter:	Vielseitig, gelassen, eigensinnig, leistungsbereit
Eignung:	Reiten und Fahren in Sport und Freizeit, Therapiepferd
Geschichte:	Die Zucht geht zurück auf den Hengst „Folie", dessen Fohlen so überragend waren, dass mit ihnen die Haflingerzucht begründet wurde. Rassename nach dem Ort Hafling in Südtirol

Pure Lebensfreude zeigen die jungen Hafis.

Rasantes Team: Vier Haflinger vor der Kutsche

Bequem für Reiter, schonend fürs Pferd: Der Isi Spezialgang Tölt

Islandpferd

Der Verwegene

Aktive Vulkane und riesige Gletscher prägen die Insel Island, die nicht weit vom Polarkreis entfernt ist. Feuer und Eis liegen auch im Auge des Islandpferdes. Energisch und temperamentvoll marschiert es vorwärts, dabei bleibt es doch immer cool und gelassen. Seine Spezialität: Die Gangarten Tölt und Pass.
Seit 1000 Jahren besiedeln die kleinen, harten Pferde die nordische Insel. Aufgrund der isolierten Lage Islands sind Isländer eine der reinblütigsten Pferde-

Kräftig und selbstbewusst:
Isabellfarbenes Islandpferd

Steckbrief

Herkunft: Island
Größe: 130 bis 150 cm Stockmaß
Exterieur: Alle Farben außer Tigerschecken. Hübscher Kopf mit feurigen Augen, buschiges Langhaar, recht feiner, dennoch sehr starker Körperbau, kleine stahlharte Hufe
Charakter: Grundehrlich, klug, manchmal ungestüm, robust
Eignung: Gangpferdereiten, Freizeit- und Wanderreiten
Geschichte: Vor über 1000 Jahren brachten Wikinger erstmals Pferde nach Island. Seitdem gab es keine Zufuhr von Fremdblut. Isländer werden heute weltweit reingezüchtet, d.h. ohne Einkreuzung anderer Rassen.

rassen der Welt. Um dies zu erhalten, dürfen keine anderen Pferde nach Island importiert werden. Und Isländer, die die Insel einmal verlassen haben, dürfen nicht wieder zurück. Nur so ist gewährleistet, dass weder Fremdblut noch Krankheiten eingeschleppt werden.
In den 1960er-Jahren kamen die ersten „Isis" nach Europa. Schnell fanden sie Reiter, die sich für die bequemen Gänge, das verwegene Aussehen und den forschen Charakter der Inselpferde begeisterten. So klein sie sind, so zäh und stark sind sie. Unermüdlich tragen sie Kinder wie auch Erwachsene über große Strecken. Besonders schonend für Pferd und Reiter ist der Tölt. Die Gangart ist schneller als Schritt. Doch da es keine Sprungphase wie im Trab gibt, wird man nicht geworfen. Daher ist der Tölt bequem und leicht zu sitzen und fürs Pferd weniger anstrengend als Trab.

In flottem Tempo
über die Wiese

Für jeden Spaß zu haben: Knabstrupper mit Showtalent

Knabstrupper

Der Hingucker

Mit dem gepunkteten Fell ist der Knabstrupper ein echter Blickfang. Berühmt wurde er durch „Kleiner Onkel", das Pferd von Pippi Langstrumpf. Auch als Zirkuspferde haben Knabstrupper Karriere gemacht, nicht nur wegen ihres Aussehens, sondern weil sie auch äußerst gelehrig sind. Knabstrupper gibt es in verschiedenen Typen: Dem ursprünglichen Barocktyp, dem modernen Sportpferdetyp, ähnlich dem Deutschen Warmblut, und dem Knabstrupper-Pony.

Die bunten Dänen sind vielseitige Reitpferde.

Steckbrief

Herkunft:	Dänemark
Größe:	148 bis 160 cm Stockmaß
Exterieur:	Tigerschecken, selten Reinweiße. Kräftiges Barockpferd mit leichtem Ramskopf, muskulösem Hals und recht langem Rücken. Starke Knochen und Gelenke. Fellzeichnung in mehreren Varianten
Charakter:	Umgänglich, belastbar, gelehrig
Eignung:	Dressur- und Fahrsport, Zirkuslektionen, Freizeitreiten
Geschichte:	Im dänischen Gut Knabstrup wurde Anfang des 19. Jahrhunderts auf Basis der barocken Frederiksborger die gepunktete Farbrasse gezüchtet. Die Tiger blieben jedoch immer eine Rarität.

Lipizzaner wachsen artgerecht im Schutz der Stutenherde auf.

Lipizzaner

Der Tänzer

Mit seinen Vorführungen in der Spanischen Hofreitschule in Wien gelangte er zu Weltruhm: Der Lipizzaner besticht durch seine Eleganz und durch sein Talent für die schwierigsten Dressurlektionen wie z.B. Levade, Kapriole und Courbette, bei denen sich das Pferd erhebt oder sogar mit allen Vieren in die Luft springt. Die Vorfahren des Lipizzaners sind italienische, tschechische, dänische, arabische und deutsche Pferde, vor allem aber Spanier. Von ihnen erbte er die tänzerischen Bewegungen.

Lipizzaner haben Talent für Dressurlektionen wie die Levade.

Steckbrief

Herkunft:	Österreich
Größe:	148 bis 162 cm Stockmaß
Exterieur:	Vorwiegend Schimmel, selten auch Braune und Rappen. Oft Ramskopf, kräftiger, hoch getragener Hals, mittelgroßer kompakter Körperbau. Federnde Bewegungen mit hoher Knieaktion
Charakter:	Temperamentvoll, selbstbewusst, gelehrig, spätreif
Eignung:	Dressur bis zur Hohen Schule, Zirkuslektionen, Fahren
Geschichte:	Gegründet wurde die Zucht 1580 im Gestüt Lipica, das heute in Slowenien liegt. Die berühmten Pferde der Spanischen Hofreitschule werden heute im Staatsgestüt Piber gezüchtet.

Kraft und Eleganz:
Lusitanohengst im Spurt

Lusitano

Der Erhabene

Er steht oft im Schatten seines spanischen Bruders, des Andalusiers. Doch der portugiesische Lusitano steht diesem in nichts nach. Seit Jahrhunderten als Stierkampf- und Arbeitspferd der Rinderhirten gezüchtet, glänzt er nicht nur durch Schönheit, sondern auch durch Charakterstärke, robuste Gesundheit, Treue und Zuverlässigkeit.
Das alles macht ihn zum erstklassigen Sportpferd. Und obendrein fühlt sich das selbstbewusste Ross vor applaudierendem Publikum äußerst wohl.

Steckbrief

Herkunft:	Portugal
Größe:	155 bis 165 cm Stockmaß
Exterieur:	Alle Farben außer Schecken. Gerades bis konvexes Profil, mittelgroßer, quadratischer Körperbau, hochbeinig
Charakter:	Mutig, vielseitig, charakterstark, schnell, wendig
Eignung:	Alle Reitsportarten, Fahren, Show
Geschichte:	Enger Verwandter des Andalusiers Bis 1967 gemeinsames Zuchtbuch der spanischen und portugiesischen Pferde. Der Lusitano ist der ursprünglichere Typ der iberischen Rassen.

Die Stars der Lusitano Horse Show

Minipony

Der Winzling

Kaum größer als ein Schäferhund ist das Minipony das kleinste aller Pferde. Mini ist aber nicht gleich Mini. Es gibt Minishetlandponys, das sind Shettys bis 87 cm Stockmaß. American Shetland Ponys sind etwas eleganter, und das amerikanische Miniature Horse sieht aus wie ein geschrumpfter Araber. Minishettys sind zum Reiten zu klein, aber Zirkuslektionen wie Steigen, Verbeugung, Sitzen lernen sie im Handumdrehen. Sie sind auch kräftig genug, kleine Sulkys und Ponykutschen zu ziehen.

Kleines Pferdchen, großer Star

Klein, kleiner am kleinsten: Bunte Mini-Gruppe

Steckbrief

Herkunft: England
Größe: unter 87 cm Stockmaß
Exterieur: Alle Farben. Shetlandpony im Kleinformat. Feines Köpfchen mit großen Augen, buschige Mähne und Schweif, harmonischer, kräftiger Körperbau, trippelnde Bewegungen
Charakter: Lieb, eifrig, genügsam, gelehrig
Eignung: Zirkuslektionen, Fahren, Streicheln, Show
Geschichte: Die englische Königin Victoria begründete vor rund 200 Jahren die Zucht. Im Gegensatz zum Shetlandpony stammt das Minishetty also aus England. Es war Spiel- und Reitpony der Königskinder.

New-Forest-Stuten mit Fohlen auf der Sommerweide

New-Forest-Pony

Der Sportliche

Über tausend New-Forest-Ponys leben noch heute halbwild im englischen New-Forest-Nationalpark. In kleinen Herden zusammengeschlossen lassen sie sich von Parkbesuchern bewundern. Noch mehr New-Forest-Ponys machen jedoch ihren jungen Reitern als hochtalentierte Sportpferde große Freude. Beim Turnier zeigen sie Spaß und Siegeswille, und als Freizeitpferde traben sie forsch durchs Gelände. Größere kräftigere New-Forest-Ponys können auch problemlos Erwachsene tragen.

Steckbrief

Herkunft: England
Größe: 135 bis 148 cm Stockmaß
Exterieur: Alle Farben außer Schecken. Nicht sehr einheitlich, jedoch meist elegantes Kleinpferd mit sportlichem Körperbau und edlem Kopf
Charakter: Freundlich, ehrlich, lern- und leistungswillig
Eignung: Springen, Dressur, Freizeitreiten
Geschichte: Die Ponys gehen zurück auf die Naturrasse im englischen New Forest. Etliche Rassen wurden eingekreuzt, darunter Araber und Vollblüter. Heute wird jedoch rein gezüchtet.

Der Spaß am Springen ist New-Forest-Hengst „Moorlands Gulwin" anzumerken.

Percheron

Der Bärenstarke

Eine knappe Tonne bringt ein Percheron durchschnittlich auf die Waage, das ist soviel wie ein kleines Auto. Die französische Kaltblutrasse gehört zu den schwersten und stärksten Arbeitspferden weltweit. Die Einkreuzung von Arabern und Berbern verlieh dem mächtigen Kaltblut dennoch eine recht elegante Erscheinung, weswegen man ihn das französische Edelkaltblut nennt. Heute wird der Percheron auch zum Reiten und aufgrund seiner Gelehrigkeit für Pferdeschauen verwendet.

Schon als Baby ein Schwergewicht

Ausflug mit zwei Percheron-PS

Steckbrief

Herkunft: Frankreich

Größe: 150 bis 180 cm Stockmaß

Exterieur: Meist Schimmel, selten Rappen. Schweres Kaltblutpferd mit recht feinem Kopf, massigem Körperbau, runden Formen, starken Beinen und großen harten Hufen

Charakter: Gelassen, arbeitseifrig, sensibel, bärenstark

Eignung: Zugpferd, Arbeitspferd, Showpferd

Geschichte: Vermutlich Nachfahre der mittelalterlichen Ritterpferde. Gezüchtet im Gebiet des Perche, einem Hügelland im Norden Frankreichs. Veredelt mit orientalischen Rassen

Steckbrief

Herkunft: Deutschland
Größe: 148 bis 160 cm Stockmaß
Exterieur: Fast immer Dunkelfuchs mit heller Mähne. Gedrungener, aber keineswegs plumper Körperbau. Hübscher Kopf, üppiges, weißes, graugesträhntes oder hellblondes Langhaar
Charakter: Temperamentvoll, arbeitseifrig, zuverlässig
Eignung: Arbeitspferd, Holzrückepferd, Freizeitreiten und -fahren
Geschichte: Jahrhundertelang im Südschwarzwald als Arbeitspferd gezüchtet. Seit Maschinen den Großteil ihrer Arbeit übernehmen, werden sie verstärkt als Freizeitpferde und auf die charakteristische Farbe gezüchtet.

Schwarzwälder Hengst in typischer Farbe

Schwarzwälder Fuchs

Das Powerpaket

Der Schwarzwälder Fuchs ist nicht nur stark, sondern auch eine echte Schönheit unter den Kaltblutrassen. Viele Jahrhunderte dienten relativ kleine, aber kräftige Arbeitspferde den Schwarzwälder Bauern bei der Feldarbeit und beim Holzrücken im Wald. Als mehr und mehr Maschinen ihre Arbeit übernahmen, entdeckten Pferdeliebhaber sie als Freizeitpferde fürs Reiten und Fahren. Sie schätzen die Power, die Freundlichkeit und das hübsche Aussehen der Blondschöpfe.

Power pur: Beim Schlittenrennen im Schwarzwald

Percheron

Der Bärenstarke

Eine knappe Tonne bringt ein Percheron durchschnittlich auf die Waage, das ist soviel wie ein kleines Auto. Die französische Kaltblutrasse gehört zu den schwersten und stärksten Arbeitspferden weltweit. Die Einkreuzung von Arabern und Berbern verlieh dem mächtigen Kaltblut dennoch eine recht elegante Erscheinung, weswegen man ihn das französische Edelkaltblut nennt. Heute wird der Percheron auch zum Reiten und aufgrund seiner Gelehrigkeit für Pferdeschauen verwendet.

Schon als Baby ein Schwergewicht

Ausflug mit zwei Percheron-PS

Steckbrief

Herkunft:	Frankreich
Größe:	150 bis 180 cm Stockmaß
Exterieur:	Meist Schimmel, selten Rappen. Schweres Kaltblutpferd mit recht feinem Kopf, massigem Körperbau, runden Formen, starken Beinen und großen harten Hufen
Charakter:	Gelassen, arbeitseifrig, sensibel, bärenstark
Eignung:	Zugpferd, Arbeitspferd, Showpferd
Geschichte:	Vermutlich Nachfahre der mittelalterlichen Ritterpferde. Gezüchtet im Gebiet des Perche, einem Hügelland im Norden Frankreichs. Veredelt mit orientalischen Rassen

Mit Muskeln geboren: Das Quarter Horse

Quarter Horse

Das Supertalent

Der Name Quarter Horse stammt von den Pferderennen über eine Viertelmeile. Auf dieser kurzen Distanz ist es das schnellste Pferd der Welt. In Amerika wird es für alle Zwecke genutzt: Als Arbeitspferd für Cowboys, Kutschpferd für Familienausflüge und Rennpferd. Das Quarter Horse ist für alles zu haben und gilt deshalb als die vielseitigste Rasse der Welt. Seine Spezialität ist der Westernsport und die Rinderarbeit, bei der ihm sein „Cow Sense", also das Gespür für Rinder, zugutekommt.

Steckbrief

Herkunft:	USA
Größe:	145 bis 160 cm Stockmaß
Exterieur:	Alle Farben außer Schecken. Kompaktes Sportpferd mit besonders ausgeprägter Muskulatur, feiner, oft keilförmiger Kopf, lange schräge Kruppe
Charakter:	Cool, lernbegierig, eifrig, spritzig, vielseitig
Eignung:	Westernpferd, Freizeitreiten und -fahren
Geschichte:	Die Rasse entstand aus Pferden der amerikanischen Einwanderer, hauptsächlich aus Andalusiern, Berbern, irischen Rassen, Englischen Vollblütern und Percherons. Es wurde zum wichtigen Partner für Cowboys.

Der Sliding Stop, eine Übung aus der „Reining" genannten Westerndressur

Paint Horse

Paint Horses in unterschiedlichen Fellzeichnungen

Steckbrief

Herkunft: USA
Größe: 145 bis 160 cm Stockmaß
Exterieur: Schecken, auch Einfarbige
Charakter: Gelassen, gelehrig, freundlich, rittig
Eignung: Westernpferd, Freizeitreiten und -fahren
Geschichte: Entspricht der des Quarter Horses. Gescheckte Pferde waren und sind bei den Indianern besonders begehrt. Für Paint und Quarter Horses werden zwei verschiedene Zuchtbücher geführt.

Der Bunte

Das Paint Horse ist die gescheckte Ausgabe des Quarter Horses mit unterschiedlichen Fellzeichnungen. Es gibt fast ganz weiße Paints und einfarbige mit großen weißen Abzeichen, wie zum Beispiel der Laterne oder hochgestiefelten Beinen. Selbst ganz einfarbige Pferde können Paint Horses sein, nämlich wenn sie einen gescheckten Elternteil haben und somit das Schecken-Gen in sich tragen. Fähigkeiten und Charaktereigenschaften entsprechen denen ihrer einfarbigen Brüder.

Paint Horse beim Westernreitturnier

Steckbrief

Herkunft: Deutschland
Größe: 148 bis 160 cm Stockmaß
Exterieur: Fast immer Dunkelfuchs mit heller Mähne. Gedrungener, aber keineswegs plumper Körperbau. Hübscher Kopf, üppiges, weißes, graugesträhntes oder hellblondes Langhaar
Charakter: Temperamentvoll, arbeitseifrig, zuverlässig
Eignung: Arbeitspferd, Holzrückepferd, Freizeitreiten und -fahren
Geschichte: Jahrhundertelang im Südschwarzwald als Arbeitspferd gezüchtet. Seit Maschinen den Großteil ihrer Arbeit übernehmen, werden sie verstärkt als Freizeitpferde und auf die charakteristische Farbe gezüchtet.

Schwarzwälder Hengst in typischer Farbe

Schwarzwälder Fuchs

Das Powerpaket

Der Schwarzwälder Fuchs ist nicht nur stark, sondern auch eine echte Schönheit unter den Kaltblutrassen. Viele Jahrhunderte dienten relativ kleine, aber kräftige Arbeitspferde den Schwarzwälder Bauern bei der Feldarbeit und beim Holzrücken im Wald. Als mehr und mehr Maschinen ihre Arbeit übernahmen, entdeckten Pferdeliebhaber sie als Freizeitpferde fürs Reiten und Fahren. Sie schätzen die Power, die Freundlichkeit und das hübsche Aussehen der Blondschöpfe.

Power pur: Beim Schlittenrennen im Schwarzwald

Shetlandpony

Das Original

So klein sie sind, so starke Pferdepersönlichkeiten sind sie: Aus gutem Grund wurden Shetlandponys die beliebtesten Ponys für kleine Kinder. Und das nicht nur bei uns – als Kinderponys werden sie in die ganze Welt exportiert. Viele Länder züchten ihren eigenen Typ, manche ein bisschen größer, manche etwas zierlicher, manche noch bunter. Der englische Zuchtverband legt jedoch Wert auf Reinerhaltung der Rasse: Original bleibt schließlich Original.

Steckbrief

Herkunft:	Schottland
Größe:	95 bis 107 cm Stockmaß
Exterieur:	Alle Farben außer Tigerschecken. Hübscher Kopf mit wachen Augen und kleinen Öhrchen, dicke Mähne und Schweif, harmonischer Körper, kurze kräftige Beine, kleine Hufe
Charakter:	Intelligent, liebenswürdig, charakterstark, langlebig
Eignung:	Kinderreitpony, Kutschpony
Geschichte:	Auf den Shetlandinseln nördlich von Schottland entstand aufgrund widriger Klima- und Futterbedingungen der kleine zähe Ponytyp. Wegen ihrer geringen Größe lange Zeit als Grubenponys eingesetzt

Shettystute mit Kuschelfohlen

Freunde fürs Leben: Mädchen und Shetlandpony

Geballte Shire-Power: Vier mächtige Hengste in Quadriga-Anspannung

Shire Horse

Der Riese

Das größte Pferd der Welt war Shire Horse „Sampson" mit 2,19 m Stockmaß. Im Durchschnitt sind Shire Horses um 1,75 Meter groß und damit schon sehr beeindruckend. Die „sanften Riesen" haben aber auch innere Größe. Sie sind treue, menschenbezogene Pferde, die sowohl im Gespann als auch unterm Sattel eine gute Figur machen. Für ein Kaltblut ist das Shire Horse eine ausgesprochen elegante Erscheinung.

Steckbrief

Herkunft: Großbritannien
Größe: 163 bis über 200 cm Stockmaß
Exterieur: Rappen, Braune, Füchse, Schimmel. Oft große weiße Abzeichen an Kopf und Beinen. Großer Kopf, hoher Hals, kurzer starker Rücken, lange Beine. Üppiger Fesselbehang, riesige Hufe
Charakter: Sanftmütig, gelehrig, arbeitseifrig, imposant
Eignung: Kutschpferd, Showpferd, Reitpferd
Geschichte: Aus den mittelalterlichen Ritterpferden entstand durch Einkreuzung niederländischer Pferde das Shire Horse, das immer größer gezüchtet wurde. Bis heute Zugpferd englischer Brauereien

Schwer, aber keineswegs schwerfällig

Tennessee Walking Horse

Der Komfortable

Schritt, Trab, Galopp – das sind die Gangarten der meisten Pferde. Früher hatten viel mehr Pferde die Veranlagung zum vierten und fünften Gang. In Europa wurde diese weggezüchtet, in Amerika dagegen entstanden mehrere Gangpferderassen. Darunter das Tennessee Walking Horse (TWH), das über die zusätzlichen Gangarten Flat Walk und Running Walk verfügt. Beide Spezialgangarten sind äußerst bequem, daher sind die Gangpferde beliebt bei Reitern mit Rückenproblemen.

TWH im Flat Walk mit historisch gekleideter Reiterin im Damensitz.

Die auffälligen Farben Palomino und – wie hier – Cremello sind bei den Gangpferdefreunden gefragt.

Steckbrief

Herkunft:	USA
Größe:	140 bis 170 cm Stockmaß
Exterieur:	Alle Farben außer Tigerschecken. Aussehen nicht einheitlich, meist schmaler gerader Kopf, langer Hals, gestreckter Körperbau
Charakter:	Ruhig, nervenstark, unkompliziert, ausdauernd
Eignung:	Reitpferd, Showpferd, Westernpferd
Geschichte:	Die Gangveranlagung war früher auch bei europäischen Rassen vorhanden. Mit ihnen gelangte sie nach Amerika. TWH entstanden u.a. aus Narranganset Pacer, Traber, Vollblut, Morgan Horse.

Mehr Fahrpferd als Reitpferd: Der irische Tinker

Steckbrief

Herkunft: Irland
Größe: 130 bis 175 cm Stockmaß
Exterieur: Vorwiegend Schecken, aber auch Einfarbige. Uneinheitliches Aussehen, vom kräftigen Ponytyp bis zum schweren Zugpferd. Üppiges Mähnen- und Schweifhaar, dichter Fesselbehang
Charakter: Nervenstark, clever, neugierig, genügsam
Eignung: Freizeitreit- und -kutschpferd, Therapiepferd
Geschichte: Der Tinker wird auch als Zigeunerpferd bezeichnet, da im letzten Jahrhundert das fahrende Volk Irlands und Englands ihn vor den Wagen spannte und durchs Land zog.

Tinker

Der Verspielte

In ihrer Heimat Irland zogen bunte Tinker brav die schweren Wagen des fahrenden Volkes. Zuchtbücher gab es nicht, nur die besten Pferde durften sich fortpflanzen. Bei uns sind Tinker als Freizeitpferde groß in Mode. Schlau und verspielt wie sie sind, wollen sie viel beschäftigt werden, ansonsten fallen ihnen Streiche ein, wie Tore öffnen, Schubkarren umstoßen oder Mistgabeln verschleppen. Zwar sind sie eher Fahr- als Reitpferde, dennoch machen sie unterm Sattel eine gute Figur.

Der reinste Kuschelbär: Flauschiges Tinkerfohlen mit der Mama

Trakehner

Der Edle

Durch Einkreuzung von Vollblut und Araber entstand im ostpreußischen Gestüt Trakehnen eine besonders edle Warmblutrasse. Trakehner Pferde wurden als Militär- und Kutschpferde und niemals als Arbeitspferde gezüchtet. Seit dem Zweiten Weltkrieg gehört Ostpreußen zu Russland. Viele Pferde wurden nach Deutschland umgesiedelt. Die korrekte Bezeichnung der Rasse ist heute „Ostpreußisches Warmblut Trakehner Abstammung". Das ist den meisten jedoch viel zu lang, daher hat sich der Name Trakehner im Sprachgebrauch erhalten.

Leicht, sportlich, elegant: Der Trakehner gilt als das Edel-Warmblut.

Trakehner Hengst „Silvermoon" – ein erstklassiges Dressurpferd

Steckbrief

Herkunft:	Deutschland
Größe:	160 bis 170 cm Stockmaß
Exterieur:	Alle Farben außer Tigerschecken. Edler Kopf, eleganter, athletischer Körperbau mit langer schräger Schulter und ausgeprägtem Widerrist.
Charakter:	Sensibel, zuweilen nervös, intelligent, belastbar
Eignung:	Dressur, Vielseitigkeit, Freizeitpferd für Könner
Geschichte:	Die ostpreußische Pferdezucht geht zurück bis ins 13. Jahrhundert. 1732 gründete König Friedrich Wilhelm das Gestüt Trakehnen, das heute in Russland liegt. Die Zucht wurde nach dem Zweiten Weltkrieg nach Westdeutschland verlagert.

Welsh Ponys sind flinke, verlässliche Kinderreitponys.

Welsh

Der Liebenswerte

Beim Welsh haben wir gleich vier Rassen auf einmal, denn bei ihnen gibt es vier Sektionen, vom kleinen Kinderpony bis zum kräftigen Gewichtsträger. Das kleinste, das Welsh Mountain Pony (Typ A) und das größte, der Welsh Cob (Typ D), sind die ursprünglichen Rassen, die in Wales beheimatet sind. Welsh Pony (Typ B) und Welsh Pony im Cob Typ (Typ C) wurden aus diesen beiden Rassen gezüchtet. Alle Welshs haben einen ehrlichen, verlässlichen Charakter und sind erstklassige Reit- und Fahrpferde – je nach Typ ist für jeden die richtige Größe dabei.

Sektion A: Welsh Mountain Pony

Sektion B: Welsh Pony

Sektion C: Welsh Pony im Cob Typ

Sektion D: Welsh Cob

Steckbrief

	Welsh A
Herkunft:	England/Wales
Größe:	Bis 122 cm Stockmaß
Exterieur:	Alle Farben außer Schecken. Zierliches, harmonisches Äußeres
Charakter:	Lebhaft, liebenswert, genügsam
Eignung:	Kinderreitpony, Fahrpony
Geschichte:	Entstand im walisischen Bergland

	Welsh B
Herkunft:	England
Größe:	Bis 137 cm Stockmaß
Exterieur:	Alle Farben außer Schecken. Edler Kopf, feinknochiger Körperbau
Charakter:	Zuverlässig, temperamentvoll, springbegabt
Eignung:	Reit- und Turnierpony für Kinder
Geschichte:	Kreuzung von Welsh A mit Arabern und anderen Rassen

	Welsh C
Herkunft:	England/Wales
Größe:	Bis 137 cm Stockmaß
Exterieur:	Alle Farben außer Schecken. Feiner Kopf, athletische Figur
Charakter:	Freundlich, leistungsbereit, vielseitig
Eignung:	Reit- und Fahrpferd für Groß und Klein
Geschichte:	Kreuzung von Welsh D mit Welsh B

	Welsh D
Herkunft:	England/Wales
Größe:	137 cm Stockmaß und größer
Exterieur:	Alle Farben außer Schecken. Muskulös, seidiger Fesselbehang
Charakter:	Gutmütig, nervenstark, energisch
Eignung:	Freizeitreiten und -fahren
Geschichte:	Wird seit über 800 Jahren gezüchtet

Pferdehaltung

Glaubt nicht an Koppeln, Ställe, Weiden
als die Heimat eurer Pferde –
ihr, die ihr Pferde liebt.
Die Weite allein lebt in seiner Seele,
lebt im Auge der Pferde
edler und unverkümmerter Art.

– Rudolf G. Binding –

Neben den Grundbedürfnissen Futter und Wasser braucht das Pferd drei Dinge zu seinem Glück: Bewegung, frische Luft und die Gesellschaft von Artgenossen. Das entspricht seiner ureigenen Natur. Reiter, Pferdebesitzer und Tierärzte sind sich heute einig: Pferde sind gesünder und ausgeglichener, wenn sie in Gruppen und mit viel Auslauf gehalten werden.

Im Stall und auf der Weide

Pferde müssen ihrer Natur entsprechend gehalten werden. Es darf ihnen kein Schmerz und kein Leid zugefügt werden. So schreibt es unser Tierschutzgesetz vor. Zwar können wir heute unsere Pferde nicht mehr in völliger Freiheit halten, denn wir wollen sie ja reiten. Zum Glück lässt sich aber beides verbinden: ihre Bedürfnisse und unser Wunsch, ihnen nahe zu sein.

Robusthaltung

Heute gibt es verschiedene Formen der Pferdehaltung. Der Natur des Pferdes am nächsten kommt die Robusthaltung, bei der Pferde in Gruppen auf großen Weideflächen zusammen leben. Eine Hütte oder ein auf drei Seiten geschlossener Unterstand muss vorhanden sein. Er bietet Schutz vor Wind und Nässe und im Sommer vor lästigen Insekten. Kälte macht Pferden weniger aus. Ihr dichtes Winterfell wärmt sie im Winter auch bei Minusgraden. Neben Gras und Raufutter (Stroh oder Heu) muss jederzeit frisches Wasser zur Verfügung stehen. Der Nachteil: Wenn Pferde zusammen leben, gibt es auch mal Rangeleien, und die Pferde können sich verletzen. Daher ist es wichtig, neue Pferde langsam und behutsam in die Gruppe einzugewöhnen.

Boxenhaltung

Die übliche Haltung in Reitställen ist die Boxenhaltung. Die Vorteile: Pferde sind jederzeit verfügbar und es gibt kaum ein Verletzungsrisiko. Reiter, die gern auf Turniere gehen, wollen auch im Winter

Das Glück der Pferde: Weide mit schattenspendenden Bäumen

Offenstallhaltung mit Schutzhütte: ideal für alle Jahreszeiten

Box mit Aussicht und guter Nachbarschaft

trainieren. Pferde mit Winterfell würden bei der Arbeit zu schnell ins Schwitzen kommen. Deshalb werden Sportpferde geschoren, doch dann können sie im Winter nicht den ganzen Tag draußen sein. Für sie ist Boxenhaltung das richtige. Sie werden von ihren Reitern viel bewegt und können mit einer Decke oder in der Reithalle dennoch täglich Auslauf haben. Der Stall sollte kühl und möglichst staubfrei sein, und die Pferde sollten sich sehen, riechen und hören können. Ein Außenfenster ermöglicht, dass sie das Geschehen am Hof beobachten können. Immer mehr Ställe bieten Boxen mit angrenzenden Paddocks, also Ausläufen an. Hier kann das Pferd wählen, ob es drinnen oder draußen sein möchte. Für gewöhnlich liegen mehrere Paddocks nebeneinander, so dass die Pferde Kontakt zu ihren Nachbarn haben.

Offenstallhaltung

Der Offenstall verbindet die Vorzüge der Boxen- und der Robusthaltung. In einem größeren Stallbereich, oft mit Fressständern und Tränken und angrenzendem Auslauf können sich die Pferde frei bewegen. Die Pferde, die sich gut vertragen, werden in Gruppen zusammen gehalten. Idealerweise grenzt die Weide an den Auslauf an.

Tipp

Pflege und Fürsorge erfordert jede Art der Pferdehaltung. Boxen und Offenställe müssen täglich ausgemistet, Ausläufe und Weiden abgemistet werden, um Krankheiten und Wurmbefall zu vermeiden.

So wollen Pferde leben: im Stall mit Auslauf und Zugang zur Weide.

Sauberkeit im Stall

Du möchtest, dass deine Reitschule ordentlich aussieht und dass Pferde und Ausrüstung gut gepflegt sind? Am besten, du hilfst mit, die Anlage tipptopp sauber zu halten! Keine Sorge, wenn alle Reiter mit anpacken, ist die Pflege von Stall und Weiden schnell erledigt und kann sogar Spaß machen.

So ein Mist

In der Regel werden Pferdeställe einmal täglich ausgemistet. Egal, ob die Pferde in Boxen, Paddocks oder im Offenstall stehen: Mist machen sie überall, und der muss raus. Die Box ist mit Stroh oder Sägespänen eingestreut, die den Urin aufsaugen. Wird es zu viel, entsteht ein scharfer Geruch, der die Atemwege des Pferdes angreifen kann. Deswegen kommt täglich ein Pfleger mit Schubkarre und Mistgabel und holt die Pferdeäpfel und die verunreinigte Einstreu heraus. In der Schubkarre bringt er sie auf den Misthaufen. Danach streut er die Box mit frischem Stroh oder Sägespänen ein. Auch die Paddocks oder der Auslauf im Offenstall müssen abgemistet werden. Der Bollensammler, auch Stallbutler oder Mistboy genannt, ist dafür gut geeignet. Mit einem Mistkratzer schiebt man die Pferdeäpfel in die Schaufel. Wenn diese voll ist, kippt man sie in die Schubkarre. Ist der Boden befestigt, also gepflastert oder betoniert, kann man ihn mit einem großen Stallbesen sauber kehren. Mit einer Freundin und den Pferden, die dich zwischendurch beschnuppern, macht die Arbeit bestimmt mehr Spaß als das Zimmer aufzuräumen.

Aha!
Wer kein Geld für Reitstunden hat, kann in manchen Reitbetrieben seine Reitstunden durch Mithilfe im Stall abarbeiten.

Ordnung und Sauberkeit im Stall

Zusammen mit der besten Freundin macht das Paddockkehren richtig Spaß.

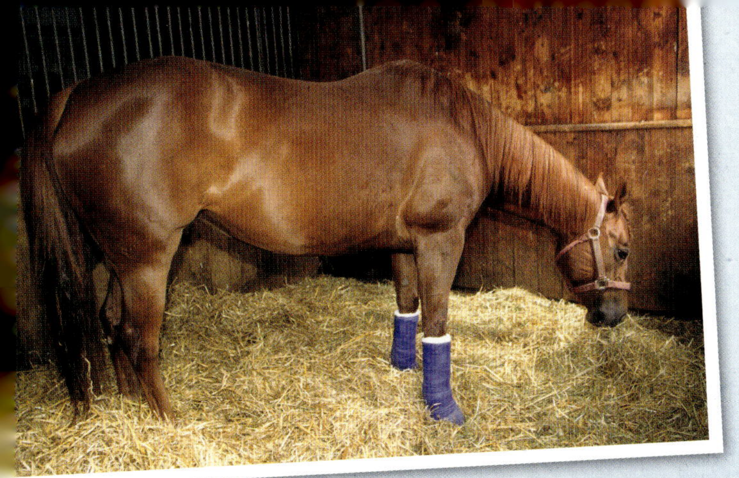

So sauber soll die Pferdebox sein.

Der Reiter-Putztrupp

Wo immer Pferde sich bewegen, liegt auch bald Mist herum. Stallgasse, Hof, Reitbahn – überall sollte nach der Reitstunde abgeäppelt werden. Die goldene Regel in jedem Reitbetrieb lautet: Jeder ist für den Mist seines Pferdes zuständig, so ist es eine Kleinigkeit für jeden. Und das gemeinschaftliche Abmisten von Reithalle oder Reitplatz kann sogar sehr lustig sein. Dasselbe gilt für die Pferdeweiden: Du kannst dir vorstellen, was an Mist zusammenkommt, wenn eine ganze Herde mehrere Stunden weidet. Es muss nicht täglich sein, aber einmal in der Woche, wenn alle ein bisschen Zeit haben, wird jeder mit Bollensammler ausgestattet und es geht ans Weide-Abäppeln.
Das ist deshalb so wichtig, weil Pferde mit dem Kot Würmer ausscheiden. Diese gelangen also auf die Weide und werden von den fressenden Pferden wieder aufgenommen. Ein ungesunder Kreislauf!

Kein Zutritt für Pferde

Und es gibt doch einen Ort, wo kein Mist herumliegt: die Sattelkammer. Hier haben Pferde keinen Zutritt, aber trotzdem sieht es in manchen Betrieben aus wie „Bei Hempels unterm Sofa.“ Wenn keiner für Ordnung sorgt, müssen alle suchen. Wo ist Ladys Sattel? Wer hat Sultans Trense gehabt? Warum liegt Benjis Halfter auf dem Boden? Das Reiterleben ist leichter, wenn jeder seine Sachen in Ordnung und am richtigen Platz hält. Erleichtert wird dies durch eine gepflegte Sattelkammer, in der die Sattelhalter mit den jeweiligen Pferdenamen versehen sind. So findet jeder seinen Sattel und kann ihn dann nach dem Reiten an den richtigen Platz zurückbringen. Und man kann die Zeit mit Reiten anstatt mit Suchen verbringen.

Vorbildliche Sattelkammer

Unvermeidlich: Wo Pferde sind, sind auch Pferdeäpfel.

Bollensammler, auch Mistboy genannt

Den Pferden nah: Pflegerin beim Stallausmisten

Gesunde Pferde im gepflegten Auslauf

Der richtige Speiseplan

Pferde sind ganz schön verfressen. Stundenlang können sie den Kopf ins Gras oder Heu stecken und mampfen. Von Kraftfutter und Leckerli bekommen die meisten auch nicht genug. Aber das liegt nicht daran, dass Pferde besonders gierig sind. Von Natur aus fressen Pferde fast den ganzen Tag. Die pflanzliche Kost ist relativ energiearm, außerdem haben sie kleine Mägen, daher brauchen sie einfach öfter Nachschub und verbringen viel Zeit mit Fressen.

Die Grundnahrung

Wildpferde fressen Gras, Kräuter und Blätter. Zwischendurch müssen sie immer wieder zur Wasserstelle gehen, um ihren Durst zu löschen. Die Suche nach Futter und Wasser hält sie in Bewegung und bestimmt ihren Tagesablauf. Bei unseren Reit- und Freizeitpferden ist das anders. Sie stehen im Stall und bekommen ihr Futter von uns serviert. Im Sommerhalbjahr können sich die meisten auf der Weide sattfressen. Das Weidegras ist jedoch rohfaserarm – anders als das Steppengras in der Wildnis. Rohfaser ist wichtig für die Verdauung, deshalb benötigen unsere Pferde zusätzlich Raufutter in Form von Heu oder Stroh. Heu ist das gemähte und getrocknete Gras, das alle wichtigen Nährstoffe enthält. Stroh besteht aus den trockenen Stängeln verschiedener Getreidesorten und hat weniger Gehalt als Heu. Pferde ohne Weidegang sollten drei- bis viermal pro Tag Heu bekommen, sodass auch sie mehrere Stunden mit Fressen beschäftigt sind.

Wichtig ist die Qualität des Heus. Es soll frisch duften, absolut trocken und möglichst staubfrei sein. Die Farbe soll grünlich sein. Graubraunes, staubiges, muffig riechendes Heu ist verschimmelt und kann Pferde krank machen. Stroh kann als Zusatzfutter zu Gras oder Heu gegeben werden. Auch hier ist auf erstklassige Qualität zu achten, das heißt, es muss

Im Sommer bietet sich Stroh als Raufutter zum Gras an.

Heu, das tägliche Brot fürs Pferd

Ja nach Rasse und Haltung gibt es das passende Fertigfutter.

goldgelb und schimmelfrei sein. Mit gutem Gras und Raufutter bekommen Pferde eigentlich alle notwendigen Nährstoffe. Doch nicht überall decken die Weiden den Bedarf an Vitaminen und Mineralien ab.

Kraftfutter

Diese kann man durch Mineralfutter oder Kraftfutter zuführen. Außerdem sollte stets ein Leckstein zur Verfügung stehen, in dem Salze und Mineralien enthalten sind. Kraftfutter ist in großer Auswahl auf dem Markt: Hafer, Mais, Gerste und jede Menge Mischfutter als Müsli oder Pellets. Dieses Ergänzungsfutter muss aber richtig dosiert werden, denn zu viel davon ist ungesund. Sportpferde, die viel leisten müssen, haben einen hohen Energiebedarf und benötigen mehr energiereiches Kraftfutter als ein Robustpferd im Offenstall, das nur zwei- oder dreimal in der Woche geritten wird. Auch die Rasse spielt eine Rolle: Haflinger und Ponys sind in der Regel leichtfuttrig, das heißt sie verwerten die Nahrung gut und brauchen daher weniger. Zu viel Futter führt bei ihnen oft zu Übergewicht. Vollblüter und Warmblüter sind dagegen eher schwerfuttrig. Sie können viel mehr fressen ohne ein Gramm zuzunehmen.

Schleckermäulchen

Jedes Pferd mag zur Belohnung nach dem Reiten ein paar Leckerli. Auch hier gibt es eine reiche Auswahl in allen Geschmacksrichtungen: Apfel, Banane, Honig, Kräuter, Eukalyptus, ja sogar Lakritzleckerli sind in Pelletform, also als gepresste Snacks erhältlich. Ein Apfel oder eine Karotte tun übrigens denselben Dienst. Fast alle Pferde mögen und vertragen sie. Darüberhinaus mögen Pferde auch Bananen, Rote Bete, Birnen und Melonen. Blattsalate und Kernobst sollte man jedoch nicht füttern. Im Winter sind Tannenzweige eine willkommene Knabberei.

Zur Belohnung gibt es eine Mohrrübe.

Achtung giftig!

Beim Ausritt solltest du dein Pferd nicht fressen lassen. Vor allem im Wald wachsen Pflanzen, die für Pferde giftig sind. Auch die Pferdeweide muss frei von Giftpflanzen sein.

Dazu gehören unter anderem:

Hahnenfuß

Buchsbaum

Goldregen

Fingerhut

Buchecker

Thuja

Eibe

Rittersporn

Die Hufpflege

Die Hufe eines Pferdes sind wie Fingernägel: Sie bestehen aus Horn, das laufend nachwächst. Bei Wildpferden in der Natur halten sich Wachstum und Abnutzung die Waage. Bei unseren Reitpferden ist das anders. Zum einen stehen sie viel im Stall, zum anderen ist die Belastung beim Reiten größer als in der Natur. Außer dem eigenen Gewicht müssen die Hufe des Reitpferdes auch das Gewicht des Reiters tragen, und das zum Teil auf hartem Asphalt oder Schotterwegen. Hufeisen bewahren das Horn vor zu starkem Abrieb, außerdem schützen sie die empfindlichen Hufsohlen auf rauem Untergrund, so wie dich Schuhe schützen, wenn du über Kieselsteine gehst.

Der Hufschmied kommt

Die Eisen werden auf die Hufränder genagelt, und dazu ist der Fachmann oder die Fachfrau notwendig. Der Hufschmied kommt meist auf den Hof und beschlägt die Pferde vor Ort. Er bringt eine richtige Werkstatt, inklusive Ofen, in seinem Auto oder Anhänger mit.

Es qualmt, zischt und stinkt, tut aber nicht weh, wenn das Eisen aufgebrannt wird.

Sofern das Pferd alte Eisen trägt, nimmt er diese erst ab. Dann wird der Huf ausgeschnitten, das heißt, überschüssiges Horn in der Hufsohle wird entfernt. Auch die Hufränder werden in Form geschnitten und danach mit einer riesigen Feile schön rund geraspelt. Der Schmied misst die Stellung und Winkelung der Hufe, die sich, wenn nötig, mit dem Beschlag korrigieren lässt.

Heiß und kalt

Dann passt er das neue Eisen an. Er nimmt ein Hufeisen in der passenden Größe und erhitzt es in seinem Ofen, bis es rot glüht. So ist das Eisen weich und der Schmied kann es in Form hämmern und biegen. Noch heiß setzt er es auf den Huf. Das Horn qualmt, aber obwohl es dramatisch aussieht, spürt das Pferd davon nichts, denn das heiße Eisen berührt nur den unempfindlichen Hufrand aus Horn. Wenn das Eisen hundertprozentig passt, lässt der Schmied es abkühlen. Dann legt er es auf und schlägt die Hufnägel ein, die seitlich am Huf wieder austreten. Er knipst die vorstehenden Nagelenden mit der Zange ab, biegt sie um und feilt die Hufwand mit den Nagelstümpfen, bis sie vollkommen glatt und eben ist. Den Vorgang nennt man Heißbeschlag. Im Gegensatz dazu gibt es auch den Kaltbeschlag, der, wie der Name schon sagt, ohne Erhitzen der Eisen angebracht wird. Hier muss der Hufrand besonders eben geraspelt werden, damit

Im Brennofen wird das Eisen zum Glühen gebracht.

das Eisen richtig sitzt. Da der Huf trotz Eisen ständig nachwächst, muss der Schmied alle sechs bis acht Wochen kommen und den Beschlag erneuern.

Fußpflege für Barhufpferde

Nicht alle Pferde benötigen Hufeisen. Wenn Pferde harte gesunde Hufe haben und vorwiegend auf weichem natürlichem Untergrund geritten werden, kann man darauf verzichten. Der Vorteil ist, dass der Huf natürlich nachwachsen kann. Allerdings können sich die Hufe ungleichmäßig abnutzen. Das beeinträchtigt die Bewegungen des Pferdes und kann sich negativ auf den gesamten Knochen- und Sehnenapparat auswirken. Deshalb sollte der Schmied auch regelmäßig zu unbeschlagenen Pferden kommen und die Hufe überprüfen, ausschneiden und in Form raspeln.

Auf dem Amboss hämmert der Schmied das Eisen in Form.

Hufbeschlag ist wie Schuhe kaufen: Erst mal anprobieren.

Mit einer großen Feile werden die Hufe glatt geraspelt.

Mit dem Stethoskop kann der Tierarzt Herz und Lungenfunktion abhören.

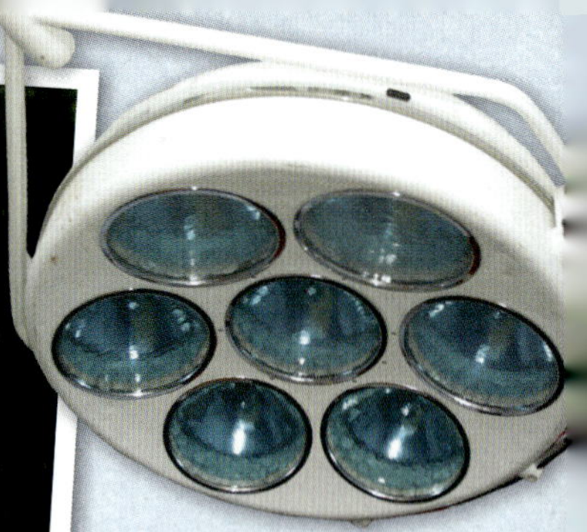

Besuch vom Tierarzt

Auch Pferde sind nicht vor Krankheiten gefeit. Je natürlicher Pferde gehalten werden, desto widerstandsfähiger sind sie. Ihre Grundbedürfnisse sind frische Luft, Bewegung, gutes Futter und Gesellschaft von Artgenossen. Je weniger ein Pferd von all dem hat, desto anfälliger ist es für Krankheiten. Husten, Lahmen, Fieber, außergewöhnliche Müdigkeit oder Nervosität – das alles kann auf eine ernste Erkrankung hindeuten. Bei solchen Anzeichen sollte ein Tierarzt gerufen werden. Er kennt die Symptome am besten und kann das kranke Pferd richtig behandeln. Dasselbe gilt für Verletzungen, die sich ein Pferd beim Reiten oder auf der Weide zugezogen hat. Auch gesunde Pferde besucht der Tierarzt, denn sie müssen regelmäßig geimpft und entwurmt werden.

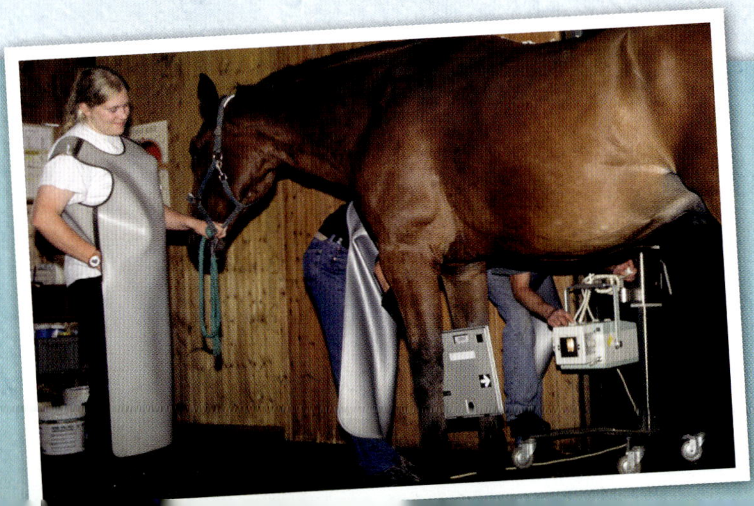

In der Pferdeklinik werden Röntgenaufnahmen gemacht.

Durch Lockerungs- und Dehnungsübungen löst die Pferde-Osteopathin Bewegungseinschränkungen des Pferdes.

Fahrende Praxis

Zum Glück muss in den meisten Fällen nicht das Pferd zum Tierarzt, sondern der Tierarzt kommt zum Pferd. Er hat ein Auto voller Arzneimittel und medizinischer Geräte, mit denen er seine vierbeinigen Patienten untersuchen und behandeln kann. Manche Tierärzte verfügen sogar über mobile Röntgenapparate und Ultraschallgeräte. Dennoch sind sie auch auf die Mithilfe des Pferdebesitzers angewiesen. Er gibt wichtige Hinweise über die vorausgegangene Fütterung, körperliche Belastungen, Kontakte mit anderen Pferden oder über frühere Erkrankungen. Diese Informationen helfen dem Tierarzt, die richtige Diagnose zu stellen. Vor Ort kann er sich auch von der Futterqualität überzeugen, sieht die Haltungsbedingungen und den Zustand von Stall und Weiden. Die meisten Behandlungen können im heimischen Stall durchgeführt werden, zum Beispiel die Gabe von Medikamenten und Spritzen, Infusionen, Salben und Verbänden, Nähen oder Klammern von Fleischwunden. Für kompliziertere Fälle muss das Pferd in eine Tierklinik, in der es Operationssaal, Untersuchungs- und Behandlungsräume gibt, außerdem Boxen für einen stationären Aufenthalt.

Fachärzte und Therapeuten

Auch unter den Tierärzten gibt es Spezialisten, zum Beispiel für Augen, Knochen, Atemwegserkrankungen. Und es gibt sogar Pferdezahnärzte, die sich um Zahnpflege und Kieferprobleme kümmern. Längst haben auch Naturheilkunde und Physiotherapie erfolgreich im Pferdestall Einzug gehalten. Massagen, Akupunktur, Dehnungen, Osteopathie helfen oft bei Verspannungen, Steifheit, Lahmheiten und Fehlbelastungen.

Aha!

Jeder Pferdebesitzer sollte für den Notfall eine Stallapotheke besitzen und bei Unfällen oder Erkrankungen erste Hilfe leisten können. In die Stallapotheke gehört als Grundausstattung Verbandszeug, Desinfektionsspray, Wundsalbe, Fieberthermometer, Zeckenzange, Schere mit stumpfen Enden, saubere Tücher, Einmalhandschuhe.

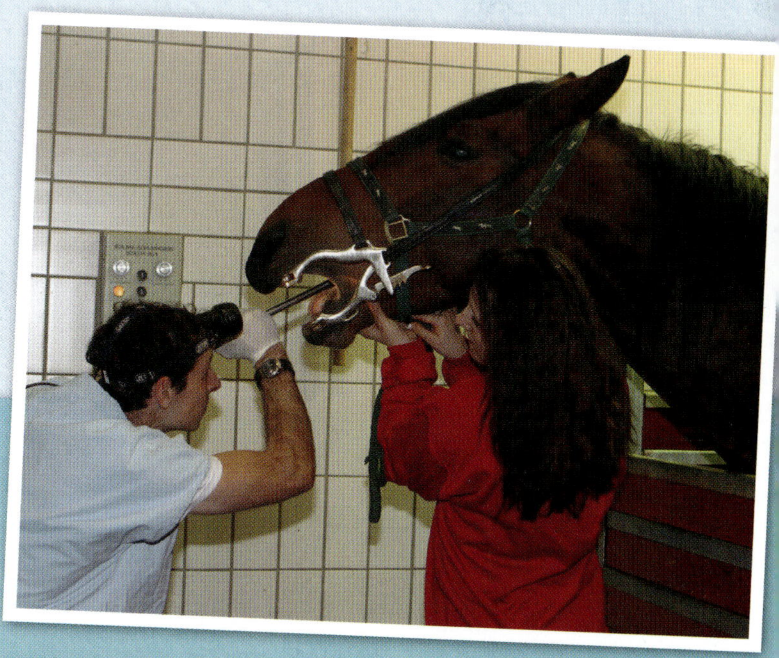

Beim Pferdezahnarzt: Das sogenannte Maulgatter hindert das Pferd, das Maul zu schließen, während der Tierarzt seine Zähne raspelt.

Zu viel Futter und zu wenig Bewegung können zu Übergewicht führen.

Pferdekrankheiten

Bei richtiger Haltung, Pflege und Fütterung sind Pferde recht widerstandsfähig. Husten, Schnupfen, Fieber – alles, was uns bei einer Erkältung plagt, kann aber dennoch auch das Pferd ereilen. Außer Grippe und Erkältung gibt es eine Reihe verbreiteter Pferdekrankheiten, die der Pferdebesitzer kennen sollte. Die meisten können mit richtiger Behandlung und etwas Geduld ausgeheilt werden. Es gibt aber auch chronische Erkrankungen und Allergien, die schwer auszukurieren sind, mit denen das Pferd aber leben kann. Die schwersten Krankheiten führen jedoch zum Tod des Pferdes. Wissen und Vorsorge sind daher wichtig.

Impfen und Entwurmen

Genau wie Hund, Katze und uns selbst können wir Pferde vor einigen gefährlichen Infektionskrankheiten durch eine Impfung schützen. Dazu gehören Tollwut, Tetanus, Herpes und die Pferdeinfluenza. Letztere betrifft vor allem Pferde, die Kontakt zu fremden Pferden haben, zum Beispiel auf Turnieren. Auch Wurmbefall ist bei Pferden nicht zu vermeiden. Er kann Pferde richtig auszehren und krank machen. Daher ist zwei bis dreimal jährlich eine Wurmkur notwendig. Die Wurmpaste wird ins Pferdemaul gespritzt, was der Pferdebesitzer selbst tun kann.

Falsche Fütterung

Unsere Hauspferde erkranken kaum wegen Mangelernährung – eher bekommen sie zu viel. Kohlehydrate im Kraftfutter, Proteine im frischen Gras: Das alles enthält viel Energie. Pferde, die sehr viel leisten, zum Beispiel Sportpferde mit täglichem Trainingsprogramm verbrennen diese Energie. Die meisten Freizeitpferde bewegen sich jedoch wenig. Durch zu gehaltvolle Kost werden sie nicht nur übergewichtig, sondern auch krank. Die Hufrehe, eine schmerzhafte Entzündung der Huflederhaut, ist eine häufige Folge falscher Fütterung und befällt vor allem Ponys und Robustpferde, die eigentlich mit wenig Futter auskommen.

So artgerecht wie möglich

Ganz ihrer Natur entsprechend können wir Pferde nicht halten. Wir können aber abgucken, was Pferde in freier Wildbahn haben: Viel Bewegung, Luft, die Herde, karges Steppengras. Schon das Leben im Stall ist eigentlich unnatürlich und kann Pferde krank machen. Vor allem, wenn der Stall staubig, zugig oder muffig ist. Deshalb werden immer mehr Pferde im Offenstall oder sogar robust gehalten. Eine verbreitete Krankheit bei Stallpferden ist die Dämpfigkeit, eine Art chronischer Bronchitis. Atemnot, Husten

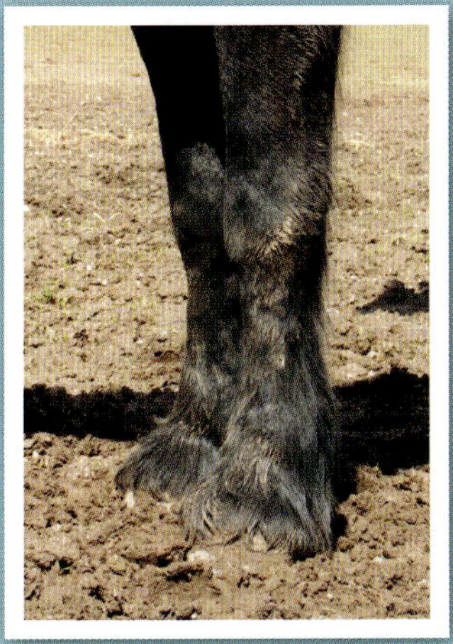

Im Matschauslauf droht Mauke – vor allem für Pferde mit Fesselbehang.

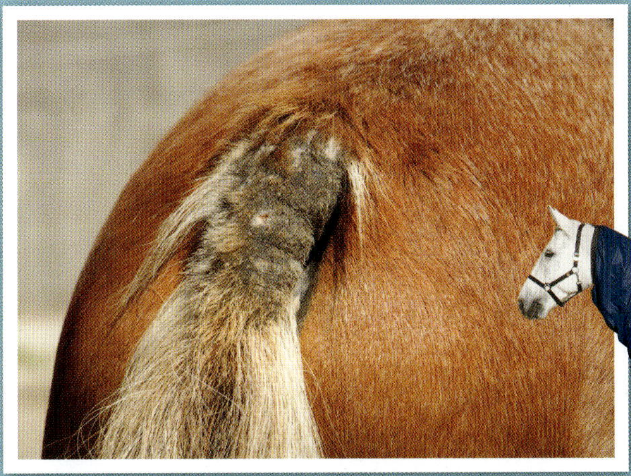

Pferde, die an Sommerekzem leiden, scheuern sich Mähne und Schweif ab.

Die Ekzemerdecke schützt das Pferd vor lästigen Mückenstichen.

und ein geschwächtes Immunsystem sind die Folgen. Unsaubere Stallböden können Mauke verursachen, eine Entzündung in der Fesselbeuge. Sie befällt vor allem Pferde mit viel Behang, da hier wenig Sauerstoff an die Haut gelangt. Während Wildpferde immer weiterziehen, stehen unsere Hauspferde öfter in ihrem Mist, was selbst bei häufigem Ausmisten nicht ganz verhindert werden kann. Auch der Matschauslauf ist ein Infektionsherd.

Allergien

Heuschnupfen bei Pferden? Das klingt paradox, aber leider gibt es ihn tatsächlich. Auch Pferde sind von Allergien betroffen und können beim Kontakt mit Heu Probleme bekommen. Es ist nicht das Heu selbst, sondern die Milben und Schimmelpilze im Heustaub. Sie verursachen Husten und Atemnot, was zur chronischen Bronchitis führen kann. Oft hilft es, wenn man das Heu in Wasser taucht und so den losen Staub herausspült. Betroffene Pferde sollten natürlich so viel wie möglich an die frische Luft. Eine andere hartnäckige Allergie ist das Sommerekzem, die Überempfindlichkeit auf bestimmte Insekten, allen voran die Kriebelmücke. Ihre Stiche jucken scheußlich, und das Pferd beginnt sich zu scheuern. Dadurch verliert es die Mähne und scheuert sich oft blutig. Der einzig wirksame Schutz ist die Ekzemerdecke, die das ganze Pferde zudeckt und so die Mücken abhält.

Pferde mit Kolik sind unruhig und sehen sich immer wieder nach dem schmerzenden Bauch um.

Drei- bis viermal jährlich sollte das Pferd eine Wurmkur erhalten.

Jeden kann es treffen

In allen Ställen gefürchtet ist die Kolik. Ganz unterschiedliche Einflüsse können beim Pferd diese Verdauungsstörung auslösen. Stress, Wetterwechsel, Bewegungsmangel, Wurmbefall – dies alles kann zur Verkrampfung des Magen-Darmtraktes führen. Ein Pferd mit Kolik ist unruhig, schaut sich immer wieder nach dem schmerzenden Bauch um, schwitzt und wälzt sich. Bei Kolikanzeichen ist immer der Tierarzt zu rufen. Bis er eintrifft, sollte das Pferd langsam im Schritt herumgeführt werden. Der Tierarzt gibt krampflösende Medikamente. Bei schweren Fällen droht die Darmverschlingung. In dem Fall muss das Pferd in einer Klinik operiert werden.

Das ABC für Reiter und Pferd

Wie leicht es aussieht, wenn Reiter und Pferd im Galopp über den Boden schweben und scheinbar zu einem Wesen verschmelzen. So ein Ritt in völliger Harmonie ist den beiden jedoch nicht angeboren. Bis es soweit ist, müssen sie in die Schule gehen, wo sie Schritt für Schritt lernen, sich zu verstehen.

Reiten: Das Zwiegespräch zweier Körper und zweier Seelen, das dahin zielt, den vollkommenen Einklang zwischen ihnen herzustellen.

– Waldemar Seunig –

Ziel der Ausbildung ist ein zufriedenes, gehorsames Pferd.

Ganz wichtig: zwischendurch wird das junge Pferd immer wieder gelobt.

Die Pferdeschule

Um reiten zu lernen, brauchst du ein Pferd, das gut auf deine Hilfen reagiert, das gelassen und ruhig ist, ohne träge zu sein. Bis ein Pferd so weit ist, muss es erst mal selbst in die Schule gehen und mit Gewicht und Einwirkung des Reiters vertraut gemacht werden.

Die meisten Pferde haben im Alter von drei Jahren die körperliche und geistige Reife, um eingeritten zu werden. Es gibt aber nicht nur eine einzige richtige Methode – viele Wege können zum Ziel führen. Und dieses Ziel ist ein zufriedenes, ausgeglichenes und feinfühliges Reitpferd, mit dem konzentrierte Arbeit genauso möglich ist wie entspannte Ausritte.

Viel Neues

Vor der Reitausbildung steht die Benimmschule, in der das junge Pferd lernt, sich willig aufhalftern zu lassen, sich führen und anbinden zu lassen und ruhig zu stehen. Außerdem soll es sich am ganzen Körper berühren lassen und lernen, problemlos die Hufe zu geben. Haben sich Pferd und Ausbilder miteinander vertraut gemacht, beginnt die erste Longenarbeit, ganz zwanglos mit Halfter. Der Ausbilder gewöhnt das Pferd nun an seine Stimmkommandos und lässt in beiden Richtungen Schritt gehen und traben. Bald kann der Ausbilder seinen Schüler an Trense und Sattel gewöhnen. Das Gebiss sollte nicht eiskalt sein, und wenn ein Pferd sich schwer tut, kann man etwas Honig oder Apfelmus drauftäufeln, dann nimmt es das Pferd gern ins Maul. Der Sattel ist zunächst einmal ein großes, furchteinflößendes Teil. Deshalb bekommt das Pferd Gelegenheit, erst mal daran zu schnuppern. Wenn es ganz entspannt ist, wird der Sattel langsam aufgelegt. Besonders vorsichtig muss man mit dem Gurt

Das Pferd wird mit Reiter herumgeführt.

Beim Führen soll das Pferd weder drängeln noch sich ziehen lassen.

umgehen, denn der Druck am Bauch erschreckt viele Pferde mehr als der Sattel auf dem Rücken. Deshalb erst ganz locker verschnallen und nach und nach den Gurt etwas fester ziehen. Dazwischen wird das Pferd ausführlich gelobt.

Lob und Zeit

Dann wird das gezäumte und gesattelte Pferd geführt, zuerst im Schritt, dann auch im Trab. Dasselbe wird wieder an der Longe in beiden Richtungen geübt. Erst wenn es den Sattel vollkommen gelassen hinnimmt, darf es an das Reitergewicht gewöhnt werden. Der Ausbilder belastet zunächst einen Steigbügel und beugt den Körper übers Pferd. Ein Helfer steht am Kopf des Pferdes und hält die Zügel locker in der Hand. Er spricht auch beruhigend auf das Pferd ein und beobachtet dessen Augen und Ohrenspiel. Zeigt es Angst oder Spannung, kommt der Ausbilder wieder herunter, lobt es und gibt ihm noch etwas mehr Zeit. Irgendwann ist das Pferd entspannt genug und akzeptiert den Reiter auf seinem Rücken. Der Helfer führt das Pferd samt Reiter herum, so gewöhnt es sich an ihn. Wenn das wiederum gut klappt, nimmt der Reiter die Zügel in die Hand und beginnt mit der Einwirkung. Idealerweise geschieht das erst mal an der Longe, sodass das Pferd sich noch am vertrauten Longenführer orientieren kann und gleichzeitig die neuen Reitersignale empfängt.

Das Lernen geht weiter

Dann reitet der Ausbilder das Pferd selbstständig ohne Longenführer. Dabei lernt das Pferd die verschiedenen Gangarten, Wendungen, das Halten, Rückwärtsgehen und die Seitengänge. Das alles darf nicht überstürzt werden, es kann Jahre dauern, bis ein Pferd zu einem richtig guten, sensiblen Reitpferd wird. Ein Schulpferd, auf dem Anfänger reiten lernen möchten, sollte schon einige Jahre unterm Sattel sein. Ein erfahrenes Pferd ist gelassener, scheut nicht so leicht und verzeiht Fehler, die jedem Reitanfänger unterlaufen. Mit diesen Eigenschaften ist ein gutes Schulpferd ein wahrer Schatz und der allerbeste Reitlehrer, den es gibt.

Durch sanftes Anlegen einer langen Gerte wird das Pferd an Berührungen gewöhnt.

Ganz sachte wird der Sattel aufgelegt.

An der Longe kann sich das Pferd an den Sattel gewöhnen.

Erste Erfahrung mit dem Reitergewicht

Die richtige Reitschule

Gute Pferde und ein fachkundiger Reitlehrer – so macht reiten lernen Spaß.

Nun hast du schon so viel über Pferde und die Freuden des Reitens erfahren, dass du selbst aufs Pferd möchtest. Deine Eltern sind einverstanden, doch wie fängst du es an? Zuerst musst du eine Reitschule finden, in der du das Reiten von Grund auf lernen kannst. Doch Vorsicht! Nicht alle Reitschulen vermitteln das Glück der Erde!

Nichts überstürzen

Sieh dir erst mal verschiedene Reitschulen an und nimm Reitlehrer und Schulpferde genau unter die Lupe. Sind die Pferde zufrieden und ausgeglichen? Ist der Reitlehrer freundlich und nimmt er sich Zeit für dich? Ist er ausgebildeter Trainer oder Pferdewirt? Ist der Hof sauber und ordentlich?
Auch wenn du es kaum erwarten kannst, in den Sattel zu steigen: Ein guter Reitlehrer erklärt dir zuerst etwas über die Natur und das Verhalten von Pferden. Denn nur wenn du Pferde verstehst, kannst du ein guter und einfühlsamer Reiter werden. Bitte den Reitlehrer ruhig, dir die Schulpferde vorzustellen und frag ihn, ob sie Weidegang haben. Schau, ob es Pferde gibt, die größenmäßig zu dir passen. Falls du sehr jung oder klein bist, such dir einen Betrieb, der auch Ponys hat. Lass dir die Stallungen zeigen. Werden Reitplatz und Reithalle von Pferdeäpfeln gereinigt? Werden die Boxen regelmäßig ausgemistet? Haben die Pferde ausreichend Heu und Stroh?

Schulpferde haben sich ihren Weidegang redlich verdient.

In guten Reitschulen legt man Wert auf gepflegte Stallungen.

Ist die Sattelkammer sauber und aufgeräumt? In welchem Zustand sind Sättel und Trensen? Gepflegte Sättel sehen nicht nur schöner aus, sie sind auch sicherer, denn hier werden auch Gurte und Riemen regelmäßig geprüft und wenn nötig ersetzt.

Erst mal zuschauen!

Schau einmal bei einer Reitstunde zu. Sind mehr als sechs Pferde in der Bahn, such dir einen anderen Stall. Auch wenn der Reitlehrer ungeduldig ist, herumschreit und Reiter oder Pferde beschimpft, ist das kein Platz für dich. Wie verhalten sich die Pferde? Wenn sie den Kopf hochreißen, herumtrippeln oder hektisch mit dem Schweif schlagen, stimmt etwas nicht. Schleichen sie mit hängendem Kopf und schlurfenden Hufen durch den Sand, sind sie abgestumpft und lustlos. Auf solchen bedauernswerten Pferden kannst du nichts lernen. Augen und Ohrenspiel der Pferde sollen lebhaft sein, die Bewegungen energisch, das Maul darf zufrieden auf der Trense kauen. Wenn dann noch der Reitlehrer Pferden und Reitschülern mit Respekt begegnet, dann melde dich zu deiner ersten Stunde an.

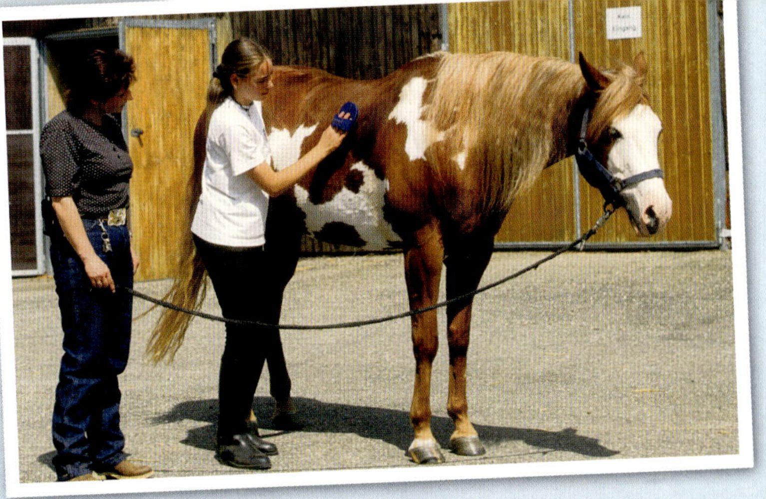

Die Reitlehrerin erklärt das Putzen und den Umgang mit dem Pferd.

Checkliste

- Sind Hof, Ställe und Einrichtungen sauber und ansprechend?
- Sind Stallbesitzer und Reitlehrer freundlich und kompetent?
- Sind die Pferde artgerecht untergebracht und haben genügend Auslauf?
- Sind die Pferde gepflegt und in gutem Futterzustand?
- Sind sie aufmerksam und freundlich?
- Bleibt der Reitlehrer im Reitunterricht ruhig und geduldig?
- Sind höchstens sechs Reitschüler in einer Reitstunde?

Alle Fragen sollten mit Ja beantwortet werden.

Das macht Laune: Entspannte Ausritte zwischendurch

Das Reiter-Outfit

Schick und zweckmäßig von Kopf bis Fuß

Was zieh ich an? Du möchtest gut aussehen, wenn du zu deiner ersten Reitstunde gehst, aber vor allem muss deine Kleidung zweckmäßig sein. Das Oberteil soll nicht zu eng und nicht zu weit sein. Du brauchst Bewegungsfreiheit, aber du sollst dich nicht verstecken, sonst sieht dein Reitlehrer nicht, wie du auf dem Pferd sitzt. Jeans und geschlossene Stiefel oder Stiefeletten sind okay für den Anfang, doch du wirst feststellen: Die Jeansnähte können drücken und scheuern. Besser sind daher richtige Reithosen, die auf der Beininnenseite keine Nähte haben. An den Knien haben sie eine Verstärkung aus Wildleder, die den Stoff schützt. Manche Reithosen haben einen Vollbesatz, das heißt, die Lederverstärkung reicht von der Beininnenseite bis zum Gesäß. Das raue Wildleder verhindert ein Rutschen im Sattel und der Reiter sitzt fast wie festgeklebt. Der Stoff der Reithose ist aus dehnbarer Baumwolle oder Synthetik, sodass der Reiter möglichst viel Bewegungsfreiheit hat und die Hose trotzdem eng anliegt. Falten würden nur wieder reiben und zu Druckstellen führen.

Trendy im Sattel

Reithosen gibt es in vielen verschiedenen Farben, einfarbig, kariert und gestreift. Beim klassischen Schnitt ist das Bein schmal und reicht bis zum Knöchel. Dazu trägt man kniehohe Reitstiefel aus Leder oder Gummi. Oder knöchelhohe Stiefeletten und Minichaps,

Jodhpur-Reithose mit Stiefeletten oder Reithose mit langen Stiefeln ...

... oder lieber Minichaps und Stiefeletten?

Sinnvoll: Rutschfeste Reithandschuhe

eine Art Stiefelschäfte ohne Schuhe. Man zieht sie als Schutz der Wade über Reithose und Stiefeletten. Das Tolle daran ist: Man kann sie nach dem Reiten ausziehen und hat immer noch Schuhe an. Minichaps werden auch Chapsletten oder Reitletten genannt. Trendy sind Jodhpur-Reithosen. Das sind lange Reithosen, die nur mit Stiefeletten getragen werden. Sie sind unten etwas ausgestellt, damit die Stiefeletten darunter gezogen werden können. Ein Gummisteg verhindert, dass die Hose hochrutscht.
Zur kompletten Reitausrüstung gehören Handschuhe. Im Winter halten sie deine Hände warm, aber auch im Sommer sind Handschuhe sinnvoll, denn sie schützen die Haut zwischen deinen Fingern vor der Reibung der Zügel. Sommer-Reithandschuhe sind für gewöhnlich aus Baumwolle oder Leder und haben eine Verstärkung zwischen Ring- und kleinem Finger, also da, wo der Zügel durchläuft.

Sicher ist sicher

All das ist gut und sinnvoll. Absolut unverzichtbar ist jedoch nur eins: der Reithelm. Er dient der Sicherheit und kann bei einem Sturz schwere Verletzungen verhindern. Wichtig ist, dass der Helm gut sitzt, dass er leicht und angenehm zu tragen ist und dass er den gültigen Sicherheitsnormen entspricht. Natürlich soll er auch gut aussehen, und da ist die Auswahl an Farben und Formen riesig.

Ohne Helm kein Reiter!

Gut geschützt mit Sicherheitsweste

Ein weiterer guter Schutz vor Verletzungen ist die Sicherheitsweste. Mit Polsterungen vor der Brust und im Rückenteil schützt sie beim Sturz den Rumpf des Reiters. Doch die Weste muss unbedingt richtig passen. Eine zu große Weste kann selbst zur Gefahr werden, denn wenn sie hochrutscht, kann sie Verletzungen im Hals- und Nackenbereich verursachen. Leider sind Sicherheitswesten immer etwas sperrig und unangenehm zu tragen, doch gibt es laufend Verbesserungen im Tragekomfort. Bevor du dich entscheidest, probier möglichst viele Westen an – auch auf dem Pferd, denn erst dann weißt du, wie die Weste sich beim Reiten anfühlt.

Das waschechte Cowgirl

Westernreiter haben ihre eigene Mode. Sie tragen Cowboyboots, Jeans und Chaps, das sind beinlange Lederschürzen, die über der Jeans getragen werden. Stilecht sind ein kariertes Westernhemd, ein Gürtel mit großer Schnalle und der typische breitkrempige Westernhut. Auch der coolste Westernreiter steigt nicht ohne Helm in den Sattel. Es gibt Reithelme im Westernlook oder Sicherheitsschalen, die unter den Hut passen (siehe Seite 167).

So stylen sich Westerngirls.

Pferdepflege macht Spaß.

Zoe zieht das Stallhalfter sanft über Pieras Kopf.

Vor dem Ritt

Reiten ist nicht wie Tennis oder Minigolf spielen. Anstatt eines Sportgerätes hast du es mit einem lebenden Partner zu tun. Das Pferd hat seine eigenen Empfindungen und Verhaltensweisen, die du kennen solltest, bevor du dich in den Sattel schwingst. Die beste Gelegenheit dafür ist das Putzen des Pferdes. Dabei kannst du dich mit dem Pferd vertraut machen, und da Pferde die Massage durch Striegel und Bürste mögen, kannst du gleich Pluspunkte sammeln.

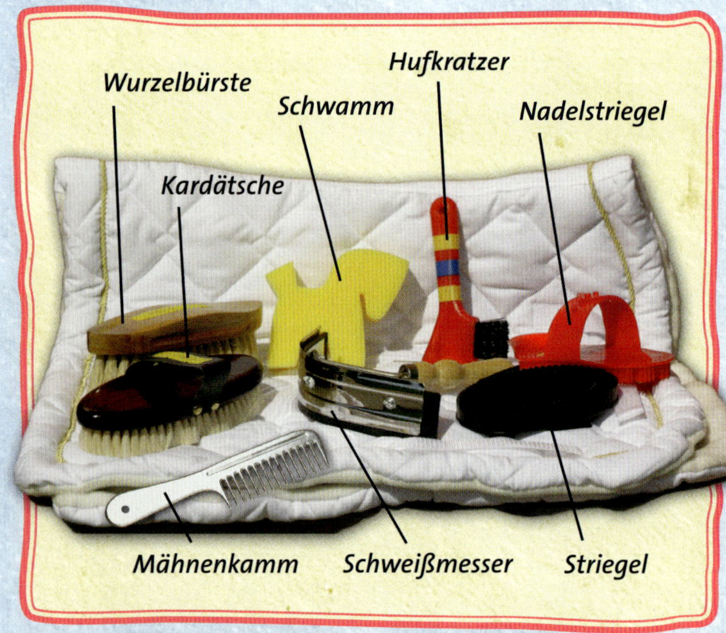

Die Begrüßung

Mit dem Stallhalfter betrittst du den Stall deines Pferdes. Geh mit festem Schritt und sprich ein paar freundliche Worte wie: „Hallo Sissy, ich bin's!" So nimmt Sissy dich gleich wahr, wenn du zu ihr gehst. Nähere dich nicht von hinten, mach lieber einen Bogen und komm von der Seite auf dein Pferd zu, sodass es dich sehen kann. Es könnte sonst passieren, dass es erschrickt und ausschlägt. Streichel ihm freundlich den Hals, dann leg ihm das Halfter an. Du hältst die Öffnung des Halfters vor seine Nase, schiebst es nach oben und ziehst das Nackenteil über die Ohren. Dann schließ das Halfter mit dem Karabinerhaken. Nun fass den Führstrick mit der rechten Hand ungefähr

Brav lässt die erfahrene Hafistute sich anbinden.

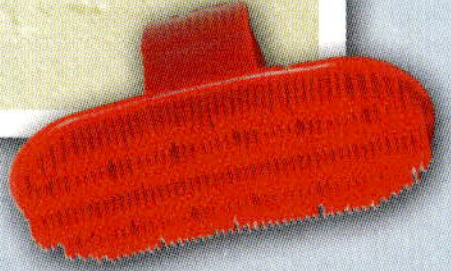

So sieht ein Anbindeknoten aus.

eine Handbereit unter dem Haken und führ dein Pferd zum Anbindeplatz. Die linke Hand hält das Ende des Führstricks. Dieser darf nicht um die Hand gewickelt werden, denn wenn das Pferd sich erschrickt, kannst du nicht schnell genug loslassen. Zum Anbinden gibt es meist fest verankerte Metallringe oder Anbindebalken. Beide müssen stabil sein und dürfen einem hampelnden Pferd nicht nachgeben. Du bindest dein Pferd an, nicht zu lang und nicht zu kurz. 50 Zentimeter sind eine gute Länge – da kann dein Pferd sich noch umschauen, sich aber nicht mit dem Fuß im Strick verheddern.

Geschniegelt und gestriegelt

Selbst wenn ein Pferd gar nicht dreckig ist – das Putzen vor dem Reiten ist so selbstverständlich wie Waschen und Zähne putzen für dich. Es ist gut für die Gesundheit und vertieft die Freundschaft zwischen dir und deinem Pferd. Wenn dein Pferd angebunden ist, hol das Putzzeug und stell es in der Nähe ab, etwas außerhalb der Reichweite des Pferdes. In die Pferde-Putzbox gehören: ein Striegel aus Metall, Kunststoff oder Gummi, eine Kardätsche, eine Wurzelbürste, ein Hufkratzer, möglichst mit Bürstchen, Nadelstriegel, Schwamm, Schweißmesser und Mähnenkamm.

Als erstes nimmst du den Striegel und bewegst ihn kreisförmig über das Fell. Fang am Hals an und arbeite dich langsam nach hinten. Du darfst ruhig feste drücken, das ist eine angenehme Massage für das Pferd. Kopf und Beine darfst du nicht striegeln. Hier sind die Knochen zu dicht unter der Haut, und der Druck wäre schmerzhalft für das Pferd. Beim Striegeln werden lose Haare und Staub gelöst.

Den staubigen Striegel klopfst du zwischendurch immer wieder auf dem Boden aus. Dann nimmst du den Striegel in die linke, die Kardätsche in die rechte Hand und bürstest das Pferd mit der Kardätsche In Wuchsrichtung des Fells.

Nach jedem Kardätschenstrich streichst du die Bürste am Striegel ab, um den Staub

Der Striegel löst den Schmutz und massiert die Haut.

Fellpflege mit Striegel und Kardätsche

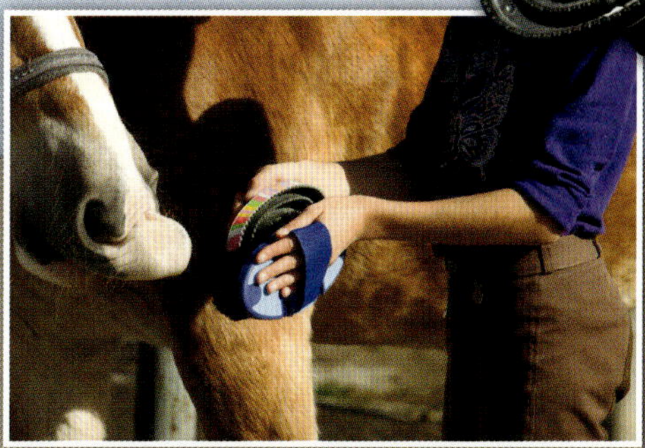

Der Staub in der Kardätsche wird am Striegel abgestreift.

Mähne und Schweif können ab und zu gewaschen werden.

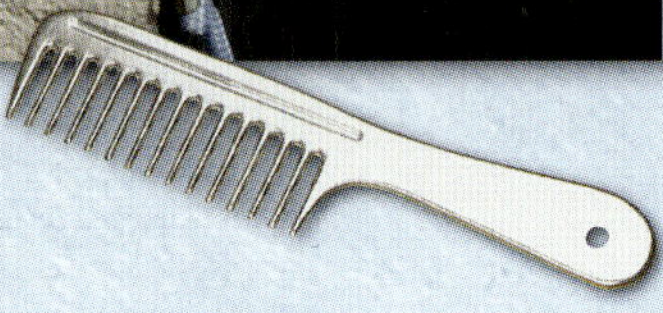

zu entfernen. Mit der Kardätsche kannst du auch an den Beinen hinunterfahren. Den Kopf reinigst du aber besser mit einem Schwamm oder einem weichen Tuch. Fürs Winterfell oder für dreckverkrustetes Fell eignet sich statt des Striegels ein Nadelstriegel.

Beim Friseur

Genau wie bei uns gibt es Pferde mit langen wallenden Haaren und andere mit Kurzhaarfrisur. Es gibt dickes, drahtiges und feines, dünnes Haar. Mähne und Schweif müssen daher individuell gepflegt werden. Dickes Haar verfilzt leichter – mit einem Mähnenkamm kommt man da nicht weit. Die Wurzelbürste oder auch der Nadelstriegel eignen sich besser, eine dicke Mähne zu pflegen. Ist die Mähne verfilzt, hilft ein Mähnenspray, sie wieder geschmeidig zu machen. Eine kurze, dünne Mähne kann mit dem Mähnenkamm frisiert werden. Der Schweif wird nicht gekämmt, sondern verlesen. Dabei werden einzelne kleine Strähnen entwirrt und loses Haar entfernt. Das ist ziemlich zeitaufwändig. Schneller geht es, wenn du den Schweif mit der Wurzelbürste schön machst. Auch die Schweifhaare werden durch etwas Mähnenspray glatter und lassen sich leichter bürsten.

Vollbad, Dusche, Haare waschen

Der Wasserschlauch sollte nur in der warmen Jahreszeit zum Einsatz kommen. Mähne und Schweif kannst du nass machen und mit einem Pferdeshampoo einschäumen. Massier das Shampoo gut ein, lass es kurz einwirken, dann kannst du es gründlich wieder ausspülen. Lass Mähne und Schweif am besten in der Sonne trocknen. Im Sommer kann auch das ganze Fell gewaschen werden. Dadurch wird jedoch die natürliche Fett- und Talgschicht auf der Haut des Pferdes angegriffen, deshalb sollte diese Vollreinigung höchstens zwei- bis dreimal im Jahr stattfinden.

Gut zu Huf

Gesunde Hufe sind in der Natur überlebenswichtig. Ein lahmendes Wildpferd kann mit der Herde nicht mithalten und wird leichte Beute von Raubtieren. Das passiert unserem Stallpferd nicht, aber dennoch ist die Pflege der Hufe unverzichtbar. Vernachlässigte

Das Vollbad gibt es nur zu besonderen Anlässen.

Ziemlich zeitaufwändig: das Schweifverlesen

Du kannst den Schweif auch einfach durchbürsten.

Hufe können das ganze Pferd krank machen. Schon ein kleines Steinchen in der weichen Hufsohle kann zu schmerzhaften Entzündungen führen. Vorbeugen ist besser als Heilen, deshalb ist vor und nach dem Reiten die gründliche Reinigung der Hufe angesagt. Am besten beginnst du mit dem linken Vorderhuf. Du fährst mit der linken Hand am Bein entlang nach unten, nimmst den Huf und hebst ihn so auf, dass du die Hufunterseite vor dir hast. In der rechten Hand hältst du den Hufkratzer. Setz ihn oben in die seitlichen Strahlfurchen und führe ihn nach unten. So entfernst du Schmutz und Stroh. Mit dem kleinen Bürstchen am Hufkratzer kannst du den verbliebenen feineren Schmutz von der Hufsohle entfernen. Dann setz den Huf langsam ab und säubere auch die Außenseite des Hufs, am besten mit der Wurzelbürste. Genauso verfährst du dann mit den anderen Hufen.

Gründliches Hufauskratzen ist unverzichtbar.

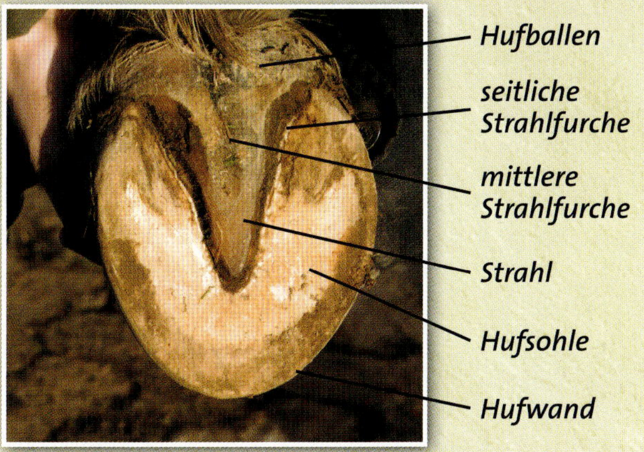

Die Ausrüstung für dein Pferd

Im Film oder Fernsehen hast du bestimmt schon mal gesehen, wie sich jemand elegant vom Boden aus auf ein ungesatteltes Pferd schwingt und im Galopp losprescht. Das sieht toll aus, und eines Tages kannst du das vielleicht auch. Doch um richtig reiten zu lernen, benutze lieber Sattel und Zaumzeug, da hast du mehr Halt und mehr Kontrolle über dein Pferd.

1. Das Halfter – zum Führen und Anbinden

- *Am **Nackenteil** kannst du das Halfter weiter oder enger schnallen.*
- *Mit dem **Karabinerhaken** öffnest und verschließt du das Halfter.*
- *Der **Kehlriemen** soll anliegen, aber nicht einschneiden.*
- *Der **Nasenriemen** liegt zwischen Nüstern und Augen.*
- *Der **Backenriemen** soll quer über den weichen Ganaschen, also den Backen des Pferdes liegen.*
- *Der **Kinnriemen** hat unterm Pferdekopf einen Ring, an dem der Haken des Führstricks befestigt wird.*
- *Reißt ein angebundenes Pferd panisch am Strick, löst sich der **Panikhaken**, damit es sich nicht verletzt.*
- *Der **Führstrick** dient zum Führen und Anbinden des Pferdes.*

2. Das Zaumzeug – das „Steuer" des Reiters

- ***Reithalfter** und **Nasenriemen** sind das Gerüst des Zaumzeugs.*
- *Der **Sperrriemen** verhindert, dass das Pferd das Maul aufsperrt, er darf das Pferd aber nicht in der Atmung behindern.*
- *Der **Stirnriemen** verhindert das Verrutschen des Halfters und hat oft eine hübsche Verzierung.*
- ***Kehlriemen, Nasenriemen** und **Sperrriemen** werden zum Auf- und Abtrensen geöffnet.*
- *Über das **Backenstück** sind **Trensenring** und **Gebiss** mit dem Halfter verbunden.*
- *Der **Trensenring** verbindet **Zügel** und Halfter mit dem Trensengebiss.*
- *Der **Zügel** ist die Verbindung zwischen Pferdemaul du Reiterhand.*

*Die **Wassertrense** besteht aus einem beweglichen Metallstück.*

3. Der Sattel – mach es dir bequem!

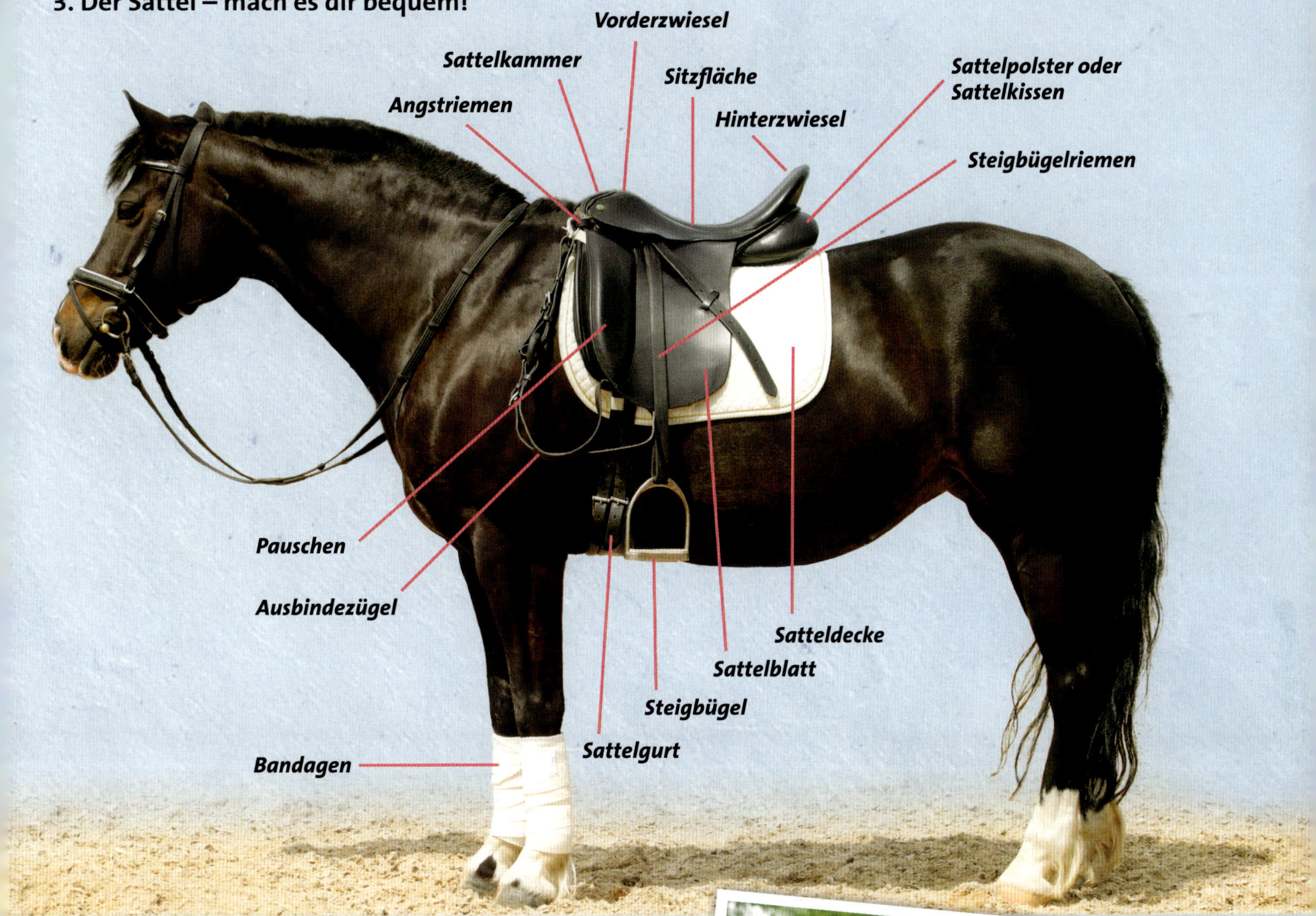

- Die **Sattelkammer** ist die Aussparung für den Widerrist des Pferdes.
- **Vorderzwiesel** und **Hinterzwiesel** setzen dich korrekt in die Sitzfläche.
- Wie der Name schon sagt – am **Angstriemen** kannst du dich festhalten, wenn du unsicher bist.
- Die **Pauschen** sind breite Polster, die deinen Knien Halt geben.
- **Sattelblatt** und **Sitzfläche** verteilen dein Gewicht gleichmäßig aufs Pferd.
- **Steigbügelriemen** halten die **Steigbügel** und somit dein Gewicht auf dem Pferd.
- **Steigbügel** sind der Platz für deine Füße und so was wie die „Trittleiter" zum Aufsteigen.
- Die **Satteldecke** ist das Polster zwischen Sattel und Pferd.
- Unter der **Sitzfläche** befinden sich dicke **Sattelpolster** oder **Sattelkissen**, die als Federung zwischen deinem Po und dem Pferderücken dienen.
- Der **Sattelgurt** hält den Sattel. Er soll fest angezogen sein, ohne das Pferd einzuquetschen.
- **Bandagen** sehen hübsch aus und schützen empfindliche Pferdebeine.

Ausbindezügel sind Hilfszügel, die das Pferd in eine korrekte Kopfhaltung führen.

Satteln und Trensen

Jedes Pferd im Reitstall hat seinen eigenen Sattel, der ihm passt. Bevor du sattelst, achte drauf, dass du auch wirklich den richtigen Sattel erwischt hast. Prüf noch mal die Sattellage deines Pferdes, also den Teil des Rückens, auf dem nachher der Sattel liegen soll. Staub und Verkrustungen können das Pferd wundscheuern, deshalb müssen der Rücken und auch die Unterseite der Satteldecke perfekt sauber sein. Denk bei jedem Handgriff daran, dass dein Pferd ein Lebewesen ist und alle deine Berührungen spürt. Sei deshalb immer rücksichtsvoll, heb den Sattel vorsichtig auf seinen Rücken und leg die Trense behutsam an. Schau dein Pferd dabei immer wieder an und rede freundlich mit ihm. Sein Gesichtsausdruck und seine Ohren verraten dir, ob es sich wohl fühlt oder ob es genervt ist.

Zum Satteln stehst du links vom Pferd. Heb den Sattel samt Satteldecke über den Pferderücken und leg ihn über dem Widerrist aufs Pferd.

Dann schieb ihn in Fellrichtung nach hinten, sodass er in der tiefsten Stelle des Pferderückens zum Liegen kommt. So verhinderst du, dass Fellhaare eingeklemmt oder in der falschen Richtung liegen und scheuern. Zieh die Satteldecke unter der Sattelkammer ein wenig nach oben, damit etwas Spielraum zwischen Decke und Widerrist ist.

Lass den Sattelgurt rechts herunter und angle ihn unter dem Pferdebauch durch auf deine Seite. Nun verbinde die Schnallen des Sattelgurts mit den Gurtstrippen – das sind die Riemchen unterm Sattelblatt. Zieh den Sattelgurt so fest, dass der Sattel nicht verrutschen kann. Achtung! Manche Pferde halten die Luft an, um ein festes Anziehen zu verhindern. Erst bevor du aufsteigst, ziehst du deshalb den Gurt richtig fest.

Auch zum Auftrensen stehst du links neben dem Pferdekopf. Nimm das Halfter in die rechte Hand und leg diese auf die Pferdenase. Mit der linken Hand hältst du das Gebiss vors Pferdemaul. Gut erzogene Pferde nehmen das Gebiss ganz von selbst ins Maul.

Dann greifst du mit der linken Hand das Genickstück und ziehst es über die Pferdeohren. Nun fallen alle Riemen ganz von selbst in die richtige Position.

Vergiss nicht, den Schopf unter dem Stirnriemen hervorzuholen und lass ihn locker darüber fallen.

Aha!

Du darfst den Sattel **nie** auf dem Pferd nach vorn schieben. Sonst stellen sich die Fellhaare auf und es kann zu Druckstellen kommen. Liegt der Sattel zu weit hinten, heb ihn wieder an und leg ihn weiter vorn auf.

Zum Schluss schließt du Kehlriemen, Nasen- und Sperrriemen. Die Riemchen dürfen nicht zu eng und nicht zu weit sein.

Zwischen Kehlriemen und Ganaschen soll eine aufgestellte Hand passen, zwischen Nasenriemen und dem Kiefer jeweils zwei Finger. Der Sperrriemen darf die Atmung des Pferdes nicht behindern.

Nun führst du das fertig gesattelte und getrenste Pferd auf den Reitplatz, und die Stunde kann beginnen.

Wird der Sattel nicht benutzt, werden die Steigbügel auf diese Art hochgeschoben, damit sie nicht herumbaumeln.

Aufgesessen!

Du stellst dein Pferd auf die Mittellinie des Reitplatzes. Halte genug Abstand zu anderen Reitschülern und Pferden. Nun prüfst du den Sattelgurt und ziehst ihn, wenn nötig, noch mal nach. Dann stellst du die Steigbügel für deine Länge ein. Dazu berührst du mit den Fingerspitzen der rechten Hand die Steigbügelhalterung – also den Anfang des Bügelriemens. Nun nimm den Steigbügel in die linke Hand und lege ihn an den ausgestreckten rechten Arm an. Das Ende des Steigbügels sollte deine Achselhöhle berühren – dann passt die Länge, und du bist fertig zum Aufsteigen.

Vor dem Aufsteigen ziehst du die Bügel nach unten und stellst die Steigbügellänge ein.

Nimm die Zügel in die linke Hand und greif an den Mähnenkamm oder in die Sattelkammer. Setz den linken Fuß in den Steigbügel. Pass auf, dass du mit der Fußspitze nicht in den Pferdebauch piekst.

Stoß dich mit dem rechten Fuß vom Boden ab und zieh dich nach oben. Schwing das rechte Bein über den Pferderücken. Bein und Fuß dürfen dabei die Kruppe nicht berühren, denn manche Pferde erschrecken dadurch und machen einen Satz nach vorn.

Lass dich nicht in den Sattel plumpsen, das wäre sehr unangenehm fürs Pferd. Sitz ganz weich ein und richte dich auf. Nun setz auch den rechten Fuß in den Steigbügel.

Aha!

Manche Pferde haben wenig Widerrist und der Sattel rutscht beim Aufsteigen. Bitte jemanden, dir „gegenzuhalten". Das bedeutet, ein Helfer steht auf der rechten Seite des Pferdes und hält den rechten Steigbügel fest. Sobald du den linken Bügel belastest, legt er sein Gewicht in den rechten. Dadurch wird ein Rutschen verhindert.

Nach den ersten Runden im Schritt kannst du den Gurt nochmals nachziehen. Dazu musst du nicht einmal absteigen – die Strippen lassen sich von oben anziehen.

Geschafft! Nun kannst du weich und vorsichtig die Zügel aufnehmen. Natürlich darfst du deinem Pferd auch lobend den Hals tätscheln.

Wenn du klein bist und dein Pferd ist groß, scheu dich nicht, einen Hocker oder Plastikstuhl als Aufsteighilfe zu benutzen.

Der richtige Sitz

Schulter, Hüfte und Absatz liegen auf einer senkrechten Linie.

Grundvoraussetzung, um reiten zu lernen, ist der richtige Sitz auf dem Pferd. Durch den Sitz sprichst du sozusagen mit dem Pferd, denn das Tier spürt jede deiner Bewegungen ganz genau. Der richtige Sitz macht es dem Pferd außerdem angenehm, dein Gewicht zu tragen, während ein falscher Sitz das Pferd übermäßig belasten kann.

Von Kopf bis Fuß

Und so sieht die perfekte Körperhaltung des Reiters aus: Der Kopf ist gerade, der Blick nach vorn gerichtet. Trage den Kopf locker und federe die Bewegungen, die von unten kommen, weich ab, aber ohne dabei mit dem Kopf zu wackeln. Der Oberkörper ist gerade und soll eher etwas nach vorn geneigt sein als nach hinten. Atme einmal tief ein, dann merkst du, wie dein Brustkorb sich hebt. Nun atme aus und versuche, die Haltung beim Einatmen beizubehalten. Denn damit kommen Nacken, Schulterblätter und Brustkorb automatisch in die richtige Position. Als Faustregel gilt: Schulter, Hüfte und Absatz sollen eine senkrechte Linie bilden. Du solltest dein Gewicht auf den Oberschenkeln und den Sitzbeinhöckern spüren, die im tiefsten Punkt des Sattels liegen.
Die Arme hängen nah am Oberkörper locker herab, die Unterarme sind leicht angewinkelt und bilden im Idealfall eine Linie mit den Zügeln, die in Anlehnung, das heißt mit leichtem Kontakt zum Pferdemaul führen. Die Hände sind zu Fäusten geballt und stehen aufrecht ungefähr eine Handbreit über dem Mähnenkamm des Pferdes. Der Handrücken soll aus Sicht des Reiters eine gerade Linie mit den Unterarmen bilden. Die Füße bringen das ganze Bein in die richtige Position. Der Absatz soll der tiefste Punkt sein, die Fußspitzen geradeaus bis leicht nach innen zeigen. Dadurch liegt das Knie am Sattel an. Die Unterschenkel sollen locker nach unten hängen und am Sattelgurt liegen.

Die Zügel laufen durch Ring- und kleinen Finger und werden oben an der aufrecht stehenden Faust mit dem Daumen gehalten.

So nicht!

Hier sitzt die Reiterin schief, was zu Verspannungen bei Reiterin und Pferd führt.

Beim Spaltsitz ist der Oberkörper nach vorn gebeugt. Der Reiter sitzt verkrampft und macht ein Hohlkreuz.

Im Stuhlsitz sitzt die Reiterin wie auf einem Stuhl – daher der Name. Das Gewicht auf den Pobacken, die Knie hochgezogen, der Rücken krumm.

Die Position des Unterschenkels verändert sich mit der Hilfengebung, aber grundsätzlich soll immer mit der flachen Wade eingewirkt werden, sodass die Fußspitzen sich nicht nach außen drehen. Die Beine sollen locker bleiben und nicht klammern. Der korrekte und sichere Sitz kommt durch die Haltung und die Balance, nicht durch Festklammern der Beine.

Immer locker bleiben

Puh, an was man da alles gleichzeitg denken muss! Und dann soll man auch noch locker bleiben! Klar, wenn du dich ständig auf den Sitz und die Schulter-Hüfte-Absatz-Linie konzentrierst, kann es sein, dass du dich verkrampfst, und dann geht erst recht alles schief. Deshalb versuch erst einmal locker zu bleiben, auch wenn der Sitz noch nicht perfekt ist. Spür die Bewegungen des Pferdes und deinen eigenen Körper. Mach dich schwer, schließ ruhig mal die Augen und erfühle, wie jeder Schritt des Pferdes dich mitnimmt. Hab Geduld – es dauert einige Reitstunden, bis du die richtige Balance und das Gefühl für die Bewegungen des Pferdes bekommen hast. Um wirklich locker zu sein, braucht man einen beweglichen Beckenbereich. Hüftgelenk und die untere Wirbelsäule kann man durch Training elastischer machen. Eine sehr gute Übung ist es, einen Hula-Hoop-Reifen um die Hüften schwingen zu lassen, mal links herum, mal rechts herum. Das stärkt die Rückenmuskulatur und fördert die Beweglichkeit des unteren Körperbereichs.

Mit dem Hula-Hoop-Reifen kannst du deine Muskeln lockern.

An der Longe

Schöner als fliegen: Der erste Galopp!

Konzentration auf die Bewegungen des Pferdes

Reiten ist doch kein Sport – da sitzt man ja nur auf dem Pferd und lässt sich tragen! Das sagen die, die noch nie eine richtige Reitstunde hatten. Wenn du zum ersten Mal im Sattel sitzt, wirst du schnell feststellen, was für eine wacklige Angelegenheit so ein Pferd ist. Auf dem schaukelnden Tier zu sitzen ist schon schwierig – wie soll man es da auch noch lenken und treiben? Doch eins nach dem anderen: Zuerst lernst du, dir den richtigen Sitz und die Balance im Sattel anzueignen.
In den meisten Reitschulen bekommen Reitanfänger erst mal Longenstunden. Das sind Einzelstunden, bei denen der Reitlehrer in der Mitte steht und das Pferd an der Longe um sich herumlaufen lässt. Als Reitneuling kannst du dich ganz auf die Bewegungen des Pferdes konzentrieren. Mit Zügeln und Reiterhilfen brauchst du dich noch nicht zu beschäftigen, das Pferd wird vom Reitlehrer sozusagen „ferngesteuert". Du kannst dich am Halteriemen, der vorn am Sattel befestigt ist, festhalten. Longenstunden dauern in der Regel nur 30 Minuten, doch die sind schon ganz schön anstrengend, und der Muskelkater am nächsten Tag zeigt dir, wie viele Muskeln du betätigt hast, um dich von deinem Pferd „einfach nur" tragen zu lassen.

Auch noch turnen!

Eine gute Übung ist es, die Augen zu schließen und zu fühlen, wie die Pferdefüße nacheinander auftreten. Zur Förderung der Balance sind Gymnastikübungen super geeignet, zum Beispiel die Arme seitlich und nach oben ausstrecken und kreisen, den Oberkörper nach innen und außen drehen. Wenn du dich schon sicherer fühlst, kannst du versuchen, mit der äußeren Hand die innere Fußspitze zu berühren.

Turnstunde im Sattel

Bald lässt der Reitlehrer dich traben. Er schwingt kurz die Peitsche, und auf einmal werden die Bewegungen des Pferdes schneller und schwungvoller. Beim Trab bewegt das Pferd die beiden diagonalen Beinpaare gleichzeitig, und es ist, als wenn du läufst – es gibt eine Schwungphase, in der das Pferd in der Luft „schwebt". Am Anfang kann es gut sein, dass du dadurch leicht nach oben geworfen wirst und den Kontakt zum Sattel verlierst. Der Reitlehrer erklärt dir aber, wie du diese Bewegungen in der Hüfte abfedern kannst und dein Po wie festgeklebt im Sattel bleibt. Dann endlich! Der Galopp. Die meisten Reiter finden die schnellste Gangart viel bequemer als den Trab. Auch hier kannst du dich bei den ersten Versuchen festhalten, bis du rausgefunden hast, wie du die Galoppsprünge aussitzt.

Auf und ab

An der Longe lernst du auch das Leichttraben. Bei jedem zweiten Trabtritt stellst du dich in die Steigbügel und hebst den Po aus dem Sattel. Dann sitzt du weich ein, schwingst einen Trabtritt mit und stehst wieder auf. Es erfordert ein wenig Übung, um den richtigen Takt zu finden, doch wenn es klappt, ist es angenehm für Pferd und Reiter. Wenn du dich einigermaßen sicher fühlst, ein Gefühl für die Bewegungen hast und ohne festhalten im Sattel sitzen kannst, lernst du, wie du die Zügel in die Hand nimmst und mit Gewicht und Schenkeln aufs Pferd einwirkst. Nun bist du bereit für deine erste Reitstunde in der Abteilung.

An der Longe lernst du die Zügelhaltung.

Auf und ab: Das Leichttraben

Arme hoch für die Balance!

Aufmarschieren am Ende der Stunde

Wichtig für die Sicherheit: eine Pferdelänge Abstand

mehr hinter deinem Vordermann „verstecken" – jetzt musst du ganz allein deinem Pferd mitteilen, was du von ihm möchtest. So eine Einzelreitstunde ist leider teurer und viel anstrengender, aber sie bringt dich schnell weiter.

Freies Reiten

Für fortgeschrittene Reiter gibt es in manchen Reitschulen auch Gruppenreitstunden, in denen frei geritten wird, also nicht in der Abteilung. Das heißt, jeder Reiter reitet für sich alleine und folgt keinem anderen. Voraussetzung ist, dass man sein Pferd schon gut beherrscht und die Bahnregeln kennt. Denn auch in der Reithalle gibt es „Vorfahrtsregeln", sonst gäbe es ein heilloses Durcheinander. Wer Schritt reitet, geht auf den zweiten Hufschlag, der schneller Reitende bleibt auf dem ersten Hufschlag und kann so am Langsameren außen vorbeireiten. Auch beim freien Reiten sind die Bahnfiguren einzuhalten. Der Reitlehrer widmet sich nacheinander den einzelnen Reitern, stellt ihnen Aufgaben und gibt Tipps und Korrekturen.

Ein wahrer Schatz: das Schulpony

Schulpferde – die wahren Helden

Sie sind die Schätze jeder Reitschule: Schulpferde. Ob groß oder klein, Hannoveraner oder Mischlingspony – ohne sie geht gar nichts. Kaum ein Reiter hat ohne Schulpferd reiten gelernt. Ein Schulpferd muss gut auf Hilfen reagieren, damit der Reiter weiß, wann seine Hilfen richtig oder falsch sind. Es muss geduldig sein und Fehler verzeihen, denn Reitanfänger sind

Aha!

Eine gute Möglichkeit reiten zu lernen sind Ferienreitkurse. Hier bekommst du in der Regel täglich mindestens eine Reitstunde. Für Fortgeschrittene werden in manchen Betrieben spezielle Spring- oder Dressurlehrgänge angeboten.

Reiterferien: reiten lernen und Spaß haben

natürlich noch etwas unbeholfen und machen oft etwas falsch. Es sollte ruhig und unerschrocken sein, darf aber auch nicht faul und abgestumpft sein, sonst lernt der Reitschüler nichts. Außerdem soll es freundlich im Umgang sein, denn ein noch so tolles Schulpferd nutzt nichts, wenn es im Stall nach dem Reiter tritt, beim Putzen nach ihm schnappt und sein ganzes Gewicht auf den Huf legt, den der arme Reitschüler gerade auskratzen will. Um ein Schulpferd ohne Unarten zu haben, darf es nicht nur von Reitanfängern geritten werden. Zwischendurch sollte es immer wieder vom Reitlehrer oder von fortgeschrittenen Reitern mit korrekter Hilfengebung geritten werden.

Unterricht im Westernsattel

Immer beliebter wird das Westernreiten. Da hier die Einwirkung etwas anders ist, gibt es inzwischen auch viele Westernreitschulen. Die Longenstunden unterscheiden sich kaum, denn auch hier müssen zunächst der Sitz und die richtige Balance gelernt werden. Doch schon das Satteln und Trensen sind anders, und erst recht die Hilfengebung. Der Reitunterricht findet meist in Einzelstunden statt.

Mit der Reitweise kamen auch etliche Reiterbegriffe aus Amerika. „Walk" heißt Schritt, „Jog" ist ein ruhiger Trab, „Lope" der Galopp. In vielen Westernställen erwarten dich auch amerikanische Pferde, vor allem Quarter und Paint Horses. Natürlich kann man auch auf europäischen Rassen Westernreiten lernen. Sie müssen nur dafür ausgebildet sein.

Unterricht im Westernstil

Das Pferd steht korrekt an den Hilfen.

Die Reiterhilfen

Schon in deinen ersten Reitstunden wirst du mit allerlei seltsamen Begriffen konfrontiert: Halbe und ganze Paraden, Versammlung, Pferde, die „auseinanderfallen“. Sieht so aus, also müsstest du erst mal eine neue Sprache lernen. Schon der Begriff Reiterhilfen klingt befremdlich, denn wir helfen dem Pferd ja nicht, indem wir es reiten. Dennoch hat sich der freundliche Begriff „Hilfen“ eingebürgert für die Signale, mit denen wir unserem Pferd mitteilen, welche Lektion wir von ihm wollen. Die Hilfen lassen sich unterteilen in Gewichtshilfen, Schenkelhilfen, Zügelhilfen.

Der Oberkörper soll gerade sein.

So sieht ein auseinandergefallenes Pferd aus.

1. Die Gewichtshilfen

Da wir unserem Pferd nicht mit Worten sagen können, was wir von ihm wollen, müssen wir den Körper sprechen lassen. Im korrekten Sitz lastet unser Gewicht auf den Sitzbeinhöckern im tiefsten Punkt des Sattels. Nun können wir durch Anspannung der Rückenmuskeln und leichtes Vorschieben des Beckens das Pferd sozusagen „anschieben“, also entweder aus dem Halten losgehen oder in eine schnellere Gangart wechseln lassen. Solange du geradeaus reitest, belastest du beide Gesäßknochen gleichmäßig. Doch wenn du eine Wendung reiten möchtest, belastest du den inneren Sitzknochen mehr als den äußeren. Um im Gleichgewicht zu bleiben, wird dein Pferd unter das verlagerte Gewicht treten, und das ist die von dir gewünschte Richtung.

2. Die Schenkelhilfen

Hilfengebung ist immer eine Kombination aus Gewichts-, Schenkel- und Zügelhilfen. Die Unterschenkel wirken durch Druck und durch ihre Lage auf das Pferd ein. Liegt das Bein direkt am Sattelgurt, wirkt es als vorwärts treibende Hilfe. Eine Handbreit hinter dem Gurt treibt der Schenkel vorwärts-seitwärts. Liegt der Schenkel hier ohne Druck am Pferd an, gibt er eine verwahrende Hilfe. Das bedeutet, er soll verhindern, dass zum Beispiel in einer Wendung die Hinterhand nach außen schwenkt. Er hält die Hinterhand sozusagen auf der Linie. Schenkelhilfen sollen fein und wohldosiert gegeben werden.

Der Unterschenkel treibt am Gurt ...

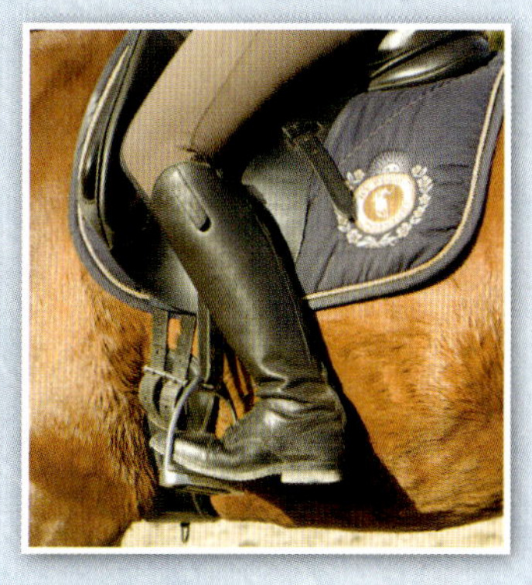

... oder liegt verwahrend eine Handbreit hinter dem Gurt.

Ein wenig Reiterlatein

Vorhand, Mittelhand und Hinterhand
Obwohl ein Pferd keine Hände hat, hat es doch eine Vorhand, eine Mittelhand und eine Hinterhand. Als Vorhand bezeichnet man Kopf, Hals und Vorderbeine. Die Mittelhand ist die Körperregion zwischen Vorder- und Hinterbeinen. Kruppe und Hinterbeine bilden die Hinterhand.

Durchlässig
Ein durchlässiges Pferd lässt sinngemäß die Reiterhilfen durchkommen. Es reagiert willig und direkt auf die Signale des Reiters.

Versammlung
Ist nicht etwa ein Treffen mehrerer Pferde oder Reiter, es bezeichnet die Aufrichtung des Reitpferdes und die Gewichtsaufnahme auf die Hinterhand.

Auseinanderfallen
Nur im übertragenen Sinne zerfällt das Pferd in seine Bestandteile. Vorhand, Mittelhand und Hinterhand bilden keine harmonische Einheit. Der Kopf wird nach oben gestreckt, das Gewicht lastet auf der Vorhand, die Hinterbeine werden nachgezogen.

An den Hilfen stehen
Ein Pferd, das die Hilfen des Reiters annimmt und in der gewünschten Haltung seine Aufgaben ausführt, steht an den Hilfen.

Leichtes Eindrehen der Hand zur halben Parade

Nützliche Reiterhilfe: die Gerte

Sie lösen einen natürlichen Reflex des Pferdes aus. Ständiges Klopfen und zu starker Druck können ein Pferd abstumpfen, das heißt, es reagiert irgendwann nicht mehr auf feinen Druck. Bei Schulpferden, die nur von ungeübten Reitern geritten werden, ist das leider öfter der Fall.

3. Die Zügelhilfen

Die Zügel sind weder zum Festhalten noch zum Ziehen da. Sie sind die Verbindung zwischen Reiterhand und Pferdemaul. Der Reiter soll durch feinste Zügeleinwirkung das Pferd in eine Richtung stellen oder es zu einer langsameren Gangart oder zum Stehen „durchparieren". Man sagt auch, er gibt halbe und ganze Paraden. Normalerweise gibt die Hand der Nickbewegung des Pferdes nach. Bei der halben Parade wird dieses Nachgeben einmal ausgesetzt, das Pferd bekommt also einen leichten Druck auf den Kiefer. Eventuell wird die Faust kurz etwas nach innen gedreht, gibt aber sofort wieder nach. Durch die halbe Parade wird ein Pferd für eine neue Lektion aufmerksam gemacht, sie dient außerdem der Versammlung und der Verlangsamung des Tempos. Die ganze Parade führt zum Anhalten. Hier wird die halbe Parade solange gehalten, bis das Pferd zum Stehen kommt. Ob halbe oder ganze Parade – die Zügelhilfen sind immer mit Schenkel- und Gewichtshilfen verbunden.

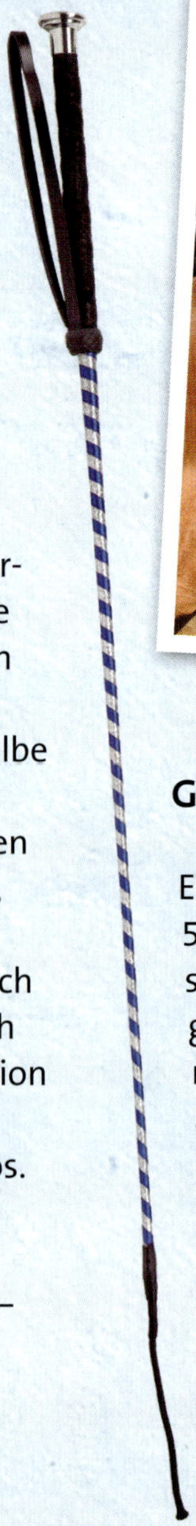

Gerte und Sporen

Eine Reitgerte ist ein biegsamer Stock zwischen 50 und 130 Zentimeter Länge, der zur Unterstützung und Verstärkung der Reiterhilfen eingesetzt werden kann. Im normalen Reitunterricht ist eine Länge von 100 bis 120 Zentimetern am besten geeignet. In der Reitbahn wird die Gerte stets auf der Seite gehalten, die nach innen zeigt. Bei Handwechsel, also wenn die Richtung geändert wird, muss auch die Gerte in die andere Hand genommen werden. Die Gerte soll so gehalten werden, dass sie über den Oberschenkel verläuft.

Leichtes Antippen des Gertenendes verstärkt die Wirkung des Schenkeldrucks. Keinesfalls darf ein Pferd damit geschlagen werden!

Nichts für Anfänger!

Sporen sind Hilfsmittel, die nur fortgeschrittene Reiter einsetzen dürfen. Es sind dünne Metallbügel, die am Reitstiefel befestigt werden. Der nach hinten ausragende Sporn darf das Pferd nur zum bewussten Einsatz berühren. Anfänger, die Bein und Fuß noch nicht richtig ruhig halten, könnten ihr Pferd mit den Sporen versehentlich pieksen. Das tut dem Pferd weh, und manches reagiert mit Bocken oder Losspringen. Der unerfahrene Reiter klammert sich mit den Beinen fest und spornt dadurch sein Pferd noch mehr – so etwas kann dann schlimmstenfalls zum gefährlichen Rodeo führen. Fortgeschrittene Reiter jedoch setzen die Sporen mit viel Gefühl als zusätzliche treibende Hilfe ein. Diese darf aber nur eine Berührung sein, kein Stechen oder Drücken.

Lob dein Pferd!

Nach einer gelungenen Lektion und am Ende der Reitstunde wird der Reitlehrer gern sagen: „Lob dein Pferd". Und alle Reiter tätscheln den Hals ihrer Pferde. Mit dieser Geste bedanken sie sich für deren Geduld und Gehorsam und überhaupt, dass sie die Zweibeiner auf sich haben reiten lassen. Die Pferde haben sich das verdient, und die Reiter freut es auch, den braven Tieren ihre Dankbarkeit zu zeigen.

Nur für Fortgeschrittene: Sporen

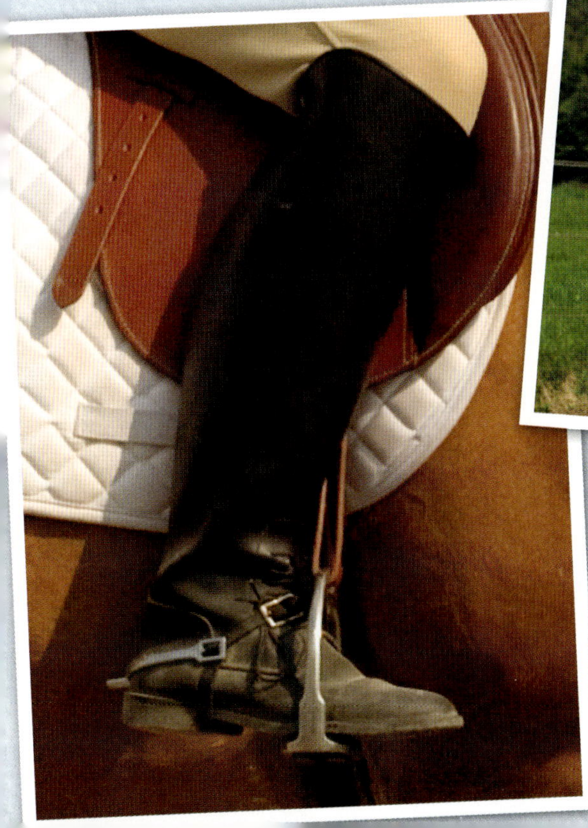

Gut gemacht! Danke! Die Reiterin lobt ihr Pferd.

Jedes Pferd hat drei Grundgangarten: Schritt, Trab und Galopp. Sie alle können in verschiedenen Tempi – das ist die Mehrzahl von Tempo – geritten werden. Jedoch ändert sich die Geschwindigkeit nicht durch einen schnelleren Takt, sondern nur durch mehr oder weniger Raumgriff. Nehmen wie einmal den Trab: Wenn du die Augen schließt, sollte sich der langsame, versammelte Trab genauso anhören wie der schnelle starke Trab. Der Takt hängt nur von der Größe und dem Körperbau des Pferdes ab. So hat ein Shetlandpony aufgrund seiner kurzen Beine einen schnellen Trippelschritt im Vergleich zu einem Großpferd.

Die Grundgangarten

Der versammelte Trab

Der Arbeitstrab

Der versammelte Galopp

Galopp im Arbeitstempo

Versammeltes Tempo

Schritt, Trab und Galopp können versammelt geritten werden. Die Bewegungen gehen mehr nach oben als nach vorn. Die Hinterbeine treten weit unter den Körper und nehmen das Reitergewicht auf. Die versammelten Gangarten werden übrigens nicht durch weniger Treiben erreicht, sondern im Gegenteil – du musst vermehrt treiben, dann aber Paraden geben.

Arbeitstempo

So sagt man zu der Geschwindigkeit, die dem Pferd am bequemsten ist und seinem natürlichen Rhythmus entspricht. Das Arbeitstempo eignet sich zum Aufwärmen und für weniger erfahrene Reiter, die die Gangarten erst lernen. Das Arbeitstempo gibt es nur im Trab und im Galopp. Die Hilfengebung besteht aus Treiben und gefühlvoller Zügelanlehnung.

Der Mittelschritt

Der starke Schritt

Der Mitteltrab

Der starke Trab

Der Mittelgalopp

Der starke Galopp

Mittelschritt, Mitteltrab und Mittelgalopp

Die erste Gangverstärkung wird in der Reithalle gern an der langen Seite geritten. Durch verstärktes Treiben und leichtes Vorgehen mit der Hand soll das Pferd die Schritte, Trabtritte oder Galoppsprünge etwas erweitern. Im Schritt ist der Mittelschritt das Grundtempo. Hier gibt es kein Arbeitstempo wie im Trab und Galopp.

Starker Schritt, Trab und Galopp

Dafür müssen Reiter und Pferd gut ausgebildet sein. Der Raumgriff der starken Gangarten wird noch mehr erweitert. Die Hinterhand tritt weit unter den Körper und entwickelt viel Schubkraft. Die Vorderbeine werden im starken Trab weit nach vorn gestreckt bevor sie auffußen. Der starke Trab und Galopp sehen toll aus, kosten das Pferd aber viel Kraft.

Biegen, wenden, seitwärts, rückwärts

Wenn du dir die Bahnfiguren auf Seite 113 ansiehst, wirst du feststellen: In der Reitbahn geht es nicht immer geradeaus. Du musst dein Pferd auch auf gebogenen Linien korrekt reiten können. Willst du auf dem Zirkel reiten, musst du dein Pferd der Zirkellinie entsprechend biegen. Kopf und Hals werden leicht nach innen gestellt, und diese Biegung soll sich in der gesamten Wirbelsäule fortsetzen.
Es beginnt mit einer halben Parade. Du nimmst den inneren Zügel etwas kürzer, der äußere Zügel gibt nach, ohne die Anlehnung zu verlieren. Das innere Bein treibt verstärkt am Gurt, das äußere legst du eine Handbreit hinter den Gurt. Der äußere Schenkel sorgt dafür, dass die Hinterhand des Pferdes auf der Linie bleibt und nicht nach außen tritt. Automatisch belastest du nun den inneren Sitzknochen etwas stärker als den äußeren. Dein Blick geht in die Richtung, in die du reitest, dadurch dreht sich auch dein Oberkörper leicht nach innen. Und dadurch wiederum kommen deine Hände in die richtige Position. Am Anfang musst du noch an alle Körperteile denken. Liegt das äußere Bein richtig? Ist die innere Hand nicht zu hart? Wohin geht dein Blick? Hinunter zur Pferdemähne oder zum nächsten Zirkelpunkt? Mit der Zeit aber wird alles ganz automatisch gehen, dazu braucht es eben Übung, Übung, Übung!

Auch noch seitwärts!

Pferde können sich in alle Richtungen bewegen, auch seitwärts. Sogar in allen Gangarten. Doch langsam! Eine gute Vorbereitung für die Seitengänge ist das Schenkelweichen. Du lernst die seitwärts treibenden Hilfen, und dein Pferd wird gelöst, das heißt, es wird geschmeidig und beginnt, mit den Beinen seitwärts überzutreten. Am einfachsten ist es aus der kurzen Seite heraus in einer 30 bis 45 Grad-Stellung an die lange Seite heranzureiten. Befindest du dich auf der linken Hand, wird das Pferd nun leicht nach rechts gestellt, jedoch bleibt es in sich gerade. Die linke Hand sorgt dafür, dass das Pferd nicht zu weit nach rechts dreht und dass die Vorwärts-Bewegung erhalten bleibt. Dein rechter Schenkel treibt am Gurt, der linke liegt verwahrend eine Handbreit hinter dem Gurt. Das Gewicht wird auf den rechten Sitzknochen verlagert.

Traversale – Seitwärtsgang durch die ganze Bahn

Beim Rückwärtsrichten bewegt das Pferd die Beine wie im Trab – die diagonalen Beinpaare fußen gleichzeitig auf.

Schenkelweichen ist die Vorbereitung zu den Seitengängen.

Die Seitengänge nennt man Travers, Renvers und Traversale. Das Pferd bewegt sich vorwärts-seitwärts und kreuzt seine vorderen und hinteren Beinpaare. Das Pferd ist komplett gebogen und bewegt sich in Richtung seiner Stellung. Beim Travers wird entlang der Bande geritten, wobei die Vorderbeine am Hufschlag bleiben, die Hinterbeine werden zum Bahninneren gestellt. Das Pferd ist in einem Winkel von 30 Grad zur Bande gestellt und nach innen gebogen. Es geht auch andersrum: Die Hinterhand bleibt am Hufschlag, Kopf und Vorderbeine kommen ins Bahninnere. Dann spricht man von Renvers. Die Traversale bezeichnet dieselbe Lektion auf der Bahndiagonalen – das ist die Linie „Durch die ganze Bahn wechseln" – siehe Seite 113.

Auf der Vorhand rechts um – kehrt!

Das ist das Kommando zur Vorhandwendung, einer Wendung um die Vorhand des Pferdes. Das Pferd wird auf den zweiten Hufschlag parallel zur Bande gestellt. Nun gibst du eine halbe Parade und stellst dein Pferd nach rechts. Die linke Hand bleibt stehen und hindert das Pferd am Vorwärtsgehen. Wie beim Schenkelweichen treibt dein rechtes Bein am Gurt, das linke liegt verwahrend dahinter. Das Pferd soll mit der Hinterhand um die stehenden Vorderbeine laufen, bis es in der entgegengesetzten Richtung zum Stehen kommt.

Die Vorderbeine sollen möglichst am gleichen Platz bleiben, höchstens einen ganz kleinen Kreis beschreiben. Bei der Hinterhandwendung ist es umgekehrt: Die Hinterbeine sollen am Platz bleiben, und die Vorderbeine beschreiben einen Kreis um die Hinterhand.

Rückwärts richten

Dein Pferd hat sogar einen Rückwärtsgang. Dazu darf es sich wieder gerade richten. Du legst deine Beine hinter dem Gurt am Pferd an. Sie halten das Pferd in der Rückwärtsbewegung gerade. Eine halbe Parade bereitet das Pferd auf die Lektion vor. Nun lehn deinen Oberkörper ein klein wenig nach vorn. So entlastest du den Pferderücken. Halte mit den Zügeln gegen, falls dein Pferd nach vorn gehen will. Es soll sich am anstehenden Zügel sozusagen nach hinten abstoßen. Geht es rückwärts, gibst du ihm etwas Luft. Lass es höchstens drei Tritte rückwärtsgehen und pass auf, dass du nicht an den Zügeln ziehst.

Galopp auf der gebogenen Zirkellinie

Die Vorhandwendung und ...

... die Hinterhandwendung

Stangenarbeit fördert den Schritt ...

Hütchen, Stangen, Brücken, Wippen

Nun kannst du in alle Richtungen reiten. Höchste Zeit, dir ein paar Stangen in den Weg zu legen. Das ist keine Schikane, sondern ein gutes Mittel, um die Aufmerksamkeit von Pferd und Reiter zu steigern und das Pferd in seinen Bewegungen zu fördern. Es fängt mit einer Stange an. Sie liegt rechtwinklig zum Hufschlag, und du sollst ruhig im Schritt darüberreiten. Ein aufmerksames Pferd wird flüssig über die Stange treten und seine Beine etwas höher anheben, damit es nicht dagegen stößt. Es soll sich vorwärts-abwärts strecken, wodurch sich automatisch sein Rücken aufwölbt. Das wiederum ist eine sehr gute Gymnastizierung. Dann werden zwei oder drei weitere Stangen, auch Bodenricks genannt, in gleichmäßigen Abständen davor gelegt. Die Abstände hängen von der Größe des Pferdes und von der Gangart ab. Bei einem durchschnittlich großen Warmblut beträgt der Abstand 80 bis 90 Zentimeter. Geht das Pferd über die Stangen, lässt du die Zügel etwas nach, damit es sich strecken kann. Auch im Trab kannst du über Bodenstangen reiten. Dazu wird der Abstand zwischen den Stangen auf 1,20 bis 1,30 Meter erhöht. Am besten, du trabst leicht, das erleichtert dem Pferd die Streckung und die Rückenwölbung.

Hütchen oder Pylonen

Die dreieckigen Hütchen kennst du von Autobahnbaustellen. Sie heißen Pylonen und sind beliebte Hilfen im Reitunterricht. Pylonen eignen sich bestens, um

... und den Trab.

Pylonen als Anhaltspunkte

bestimmte Punkte in der Bahn zu markieren. So können sie den Bahnmittelpunkt kennzeichnen und dir helfen, eine korrekte Zirkellinie zu reiten. Du kannst aber auch vier bis fünf Pylonen aufstellen und im Slalom darum herumreiten. Das ist eine gute Übung fürs Biegen und Wenden. Zuerst übst du natürlich im Schritt, dann kannst du es auch im Trab probieren. Mit Hilfe der Pylonen kannst du

Die Brücke ist besonders bei Westernreitern beliebt.

punktgenaues Antraben und Durchparieren üben. Probier mal, genau bei Pylone eins anzutraben und bei Pylone zwei wieder zum Schritt durchzuparieren. Da merkst du erst, wie schwierig das ist!

Die Brücke

Die Brücke ist eine gute Vorbereitung fürs Ausreiten. Im Gelände kann schon mal eine Holzbrücke zu überqueren sein. Darauf kannst du dein Pferd mit einer nachgebauten Brücke in der Reitbahn vorbereiten. Es ist ein flaches Holzpodest, ungefähr einen Meter breit und drei Meter lang. Ein Geländer links und rechts verhindert, dass das Pferd unterwegs die Brücke verlassen kann. Wenn dein Pferd die Holzbrücke noch nicht kennt, solltest du erst einmal absteigen und es in aller Ruhe darüber führen. Lass ihm ruhig Zeit, das seltsame Ding ausgiebig zu beäugen und zu beschnuppern.

Ganz schön kippelig!

Die Wippe besteht aus einem ungefähr ein Meter breiten und drei bis vier Meter langen Brett aus Holzbohlen, das in der Mitte auf einem gut befestigten Rundholz aufliegt. Die beiden Enden geben unter dem Gewicht von Pferd und Reiter nach. Eine kippelige Angelegenheit! Probier die Wippe erst mal, indem du dein Pferd führst. Du betrittst die Seite des Brettes, die auf dem Boden liegt. Es geht bergauf bis zur Mitte. Sobald der Schwerpunkt sich auf die andere Seite verlagert, kippt das Brett nach vorn. Das Pferd muss diese Wippbewegung mit den Beinen ausgleichen. Dann kann es die Wippe nach vorn verlassen. Erst wenn dein Pferd ohne zu zögern darüber geht, kannst du über die Wippe reiten. Aber bitte nur unter Aufsicht probieren!

Für coole Typen: Die Wippe

Springen lernen

Der leichte Sitz, auch Entlastungssitz genannt

Wenn du dich in allen Gangarten sicher im Sattel fühlst und dein Pferd kontrollieren kannst, wird es dich vielleicht reizen, einmal über Hindernisse zu springen. Bevor es über die erste Hürde geht, lernst du den leichten Sitz. Dazu schnallst du die Bügel ein bis zwei Loch kürzer, sodass deine Beine stärker angewinkelt sind. Du stellst dich in die Bügel und hebst das Gesäß aus dem Sattel. Im leichten Sitz federst du die Bewegungen des Pferdes in den Knien ab und berührst den Sitz des Sattels nicht. So kann das Pferd überm Sprung den Rücken aufwölben, und du bekommst keine Stöße auf die Wirbelsäule. Das ist für beide angenehmer und leichter.

Die ersten Stangen

Zur Vorbereitung wird dich dein Reitlehrer über Bodenstangen traben lassen. Dabei übst du die Balance im leichten Sitz. Du beugst dich mit dem Oberkörper etwas nach vorn, die Hände liegen links und rechts am Pferdehals.

Für deinen ersten Sprung gibt dir der Reitlehrer sicher ein erfahrenes Pferd, das in ruhiger und flüssiger Manier springt. Er wird die letzte der Bodenstangen etwas erhöhen, sodass dein Pferd über die ersten Stangen trabt und die letzte, höhere überspringt. Es fühlt sich an wie ein größerer Galoppsprung, und das ist es eigentlich auch. Wenn das Pferd abspringt, gehst du mit dem Oberkörper und den Händen nach vorn, um es zu entlasten. Bei der Landung stützt du dich auf die Hände und versuchst, dem Pferd nicht in den Rücken zu fallen. Wenn du einen sicheren und gut ausbalancierten Sitz hast solltest du gar nicht groß darüber nachdenken, sondern dich mit der Bewegung des Pferdes einfach über den Sprung mitnehmen lassen.

Üben, üben, üben

Wenn der kleine Sprung aus dem Trab gut gelingt, kannst du es aus dem Galopp probieren. Du wirst sehen, das fühlt sich noch harmonischer an als aus dem Trab, denn das Pferd ist schon im richtigen Rhythmus. Nun ist viel Üben angesagt, denn durch das Wiederholen wirst du immer sicherer und immer mehr eins mit deinem Pferd. Es wird nicht mehr lange dauern, dann kannst du dich in einen

Das Traben über Bodenstangen ist die Vorbereitung fürs Springen.

Der erste Sprung kann über eine erhöhte Bodenstange sein.

Über Kreuz gelegte Stangen sind ebenfalls gute Übungssprünge.

Bei der Landung darf die Reiterin ihrem Pferd nicht in den Rücken plumpsen.

kleinen Parcours wagen, also einer Abfolge von drei bis vier Sprüngen. Ganz wichtig ist, dass du jeden Sprung immer gerade anreitest und dass du immer dorthin schaust, wo du als nächstes hinreiten möchtest. Denn mit deiner Blickrichtung richtet sich auch dein Körper aufs nächste Ziel und gibt dem Pferd automatisch den Impuls, ebenfalls dorthin zu steuern.
Erst wenn dir die Springtechnik in Fleisch und Blut übergegangen ist, kannst du an dein erstes Turnier denken. Hier gilt es nicht nur, die verschiedenartigen Sprünge zu überwinden, du musst dir auch den Weg und die richtige Reihenfolge der Hindernisse merken. Aber auch das übst du vorher immer und immer wieder. Erwarte trotzdem nicht gleich den ersten oder zweiten Platz, sondern freu dich darüber, dabei zu sein und Erfahrung zu sammeln. Dann wird dein erstes Turnier ein tolles Erlebnis werden.

Durch Feld und Flur

Die Reitlehrerin führt die Gruppe an.

Für die allermeisten Reiter ist dies das Ziel des Reitenlernens und die schönste Art zu reiten überhaupt: der Ausflug hoch zu Ross in die Natur. Über weiche Waldwege zu traben oder über ein Stoppelfeld zu galoppieren bedeutet Freiheit pur! Doch damit der Ausritt Lust und nicht Frust wird, musst du gut vorbereitet sein. Dein Reitlehrer wird entscheiden, wann du so weit bist. Das heißt, wann du einen gut ausbalancierten Sitz hast und dein Pferd in allen Gangarten kontrollieren kannst. Für deinen ersten Ausritt wird er dir ein geländesicheres Pferd geben, das nicht so leicht erschrickt und eher ein gemütliches Temperament hat. Selbstverständlich reitest du in der Gruppe – das ist sicherer und macht mehr Spaß.

Nützliche Regeln

Wie beim Springen werden beim Geländereiten die Steigbügel ein bis zwei Loch kürzer geschnallt, denn auch hier reitest du viel im leichten Sitz.

Bevor es losgeht, prüf den Sattel, den Gurt und die Steigbügelriemen. Ist alles fest und in Ordnung? Bitte ruhig den Reitlehrer, alles noch mal für dich zu checken. Sicher ist sicher. Ein erfahrener Reiter, meist der Reitlehrer, wird die Gruppe anführen. Er kennt den Weg und bestimmt das Tempo. Schon bald wirst du feststellen: So ganz Freiheit pur ist das Ausreiten nicht. Je nach Bundesland gelten bestimmte Regeln für das Reiten auf Wald- und Feldwegen. Vor allem in dichter besiedelten Gegenden sind viele Wege für Reiter gesperrt.

Oft sind spezielle Reitwege ausgewiesen, doch es gibt auch Gegenden, wo Reiten grundsätzlich erlaubt ist und wo Wege, auf denen es untersagt ist, durch Reitverbotsschilder gekennzeichnet sind. Bundesweit gilt: Querfeldeinreiten, also quer über Felder, Wiesen oder mitten durch den Wald ist verboten! Das dient dem Schutz der Wildtiere und der Böden. Ärger mit Bauern oder Förstern lässt sich vermeiden, wenn sich alle Reiter an diese Regel halten.

Zügig wird die Straße überquert.

Für Reiter gilt die Straßenverkehrsordnung.

Im Straßenverkehr

Hierzulande bleibt es kaum aus, dass man beim Ausritt mehrmals eine Straße überqueren muss. Alle Reiter bleiben am Straßenrand stehen. Der Vorreiter wartet, bis die Straße frei ist, dann geht es auf sein Kommando in flottem Schritt über die Straße. Hier ist es sinnvoll, immer zu zweit nebeneinander zu reiten, das verkürzt die Gruppe und mindert die Gefahr. Auch auf breiteren Geländestrecken können zwei Reiter nebeneinander reiten. Aber bitte nur auf Pferden, die sich verstehen. Manchmal muss die Gruppe auch ein Stück die Straße entlangreiten, dabei gilt grundsätzlich: In einer Reihe bleiben. Und wenn ihr Spaziergängern, Joggern, Radfahrern oder anderen Reitern begegnet, heißt es: Schritt reiten und freundlich grüßen. Dann kommen alle gut miteinander aus.

Im Gelände wird im leichten Sitz geritten.

Das Pferd wird entlastet sowohl beim Bergauf …

… als auch beim Bergabreiten.

Berg und Tal

Eine echte Herausforderung ist das Reiten in hügeligem oder bergigem Gelände. In der Reithalle bist du nur eben geritten, und nun geht es bergauf und bergab. Doch keine Sorge, dein Pferd weiß, wie es sich ausbalancieren muss. Und du hilfst ihm dabei, indem du seinen Rücken sowohl beim Bergauf- als auch beim Bergabreiten entlastest. Du stellst dich in die Bügel und beugst den Oberkörper leicht nach vorn. Und falls du im Reitunterricht schon Springen gelernt hast, kannst du im Gelände sogar einmal über einen Baumstamm oder einen kleinen Graben springen. Der Reitlehrer wird dies jedoch nur zulassen, wenn er weiß, dass seine Gruppe mit dem Springen vertraut ist. Wann immer du dich unsicher fühlst, sag es deinem Reitlehrer. Er wird dir erlauben, abzusteigen und dein Pferd zu führen. Viele Pferdefreunde machen das ohnehin zur Schonung ihrer Pferde. Es tut auch den eigenen Knochen und Muskeln gut, wenn man zwischendurch selbst ein Stück marschiert.

Galopp übers Stoppelfeld

Im Herbst laden abgemähte Stoppelfelder zum erfrischenden Galopp ein. Während das Reiten über Felder grundsätzlich verboten ist, wird es

Pferdefreunde führen ihr Pferd zwischendurch.

Freiheit pur: Galopp übers Stoppelfeld

Das letzte Stück wird Schritt geritten.

auf Stoppelfeldern meist geduldet, denn es ist abgeerntet und der Boden kann keinen Schaden nehmen. Doch auch wenn die Verlockung groß ist: Eine wilde Jagd darf es nicht geben. Der Anführer reitet voraus und bestimmt das Tempo.
Die Gruppe kann seitlich versetzt reiten, jedoch mit genügend Abstand zur Seite und zum Vordermann. Eine goldene Reiterregel besagt: Der Anführer darf keinesfalls überholt werden. Die Reiter gehen in den leichten Sitz, halten aber die Zügel in Anlehnung, sodass die Kontrolle über das Pferd erhalten bleibt. Wenn du denkst, nun sei es müde, kann das ein Irrtum sein. Viele Pferde „heizen" sich nach einem Galopp erst richtig auf und kommen ins Trippeln.

Immer mit der Ruhe!

Nach dem Galopp ist es wichtig, wieder Ruhe in die Gruppe zu bringen. Es wird so lange Schritt geritten, bis alle wieder „herunter" gekommen sind. Dies ist eine gute Gelegenheit für einen kleinen Fußmarsch, denn geführt beruhigen sich „heiße" Pferde schneller als unterm Sattel. Manche Pferde neigen dazu, auf dem Heimweg schneller zu werden und nach Hause zu drängeln. Eine weitere Reiterregel besagt: Die letzten zehn bis fünfzehn Minuten bis zum Stall wird Schritt geritten.
Dabei steigen viele Pferdefreunde ab und gehen das letzte Stück zu Fuß.

Nach dem Ritt

Lob für Nino

Abspringen mit Schwung

Hufe säubern ist nach dem Ritt besonders wichtig.

Gut gegen juckendes Fell: ein Sandbad

Auch die beste Reitstunde, auch der schönste Ausritt gehen einmal zu Ende, doch damit sind deine Aufgaben noch nicht erfüllt. Das Pferd hat nun eine oder mehrere Stunden für dich gearbeitet, dir deine Wünsche erfüllt und dir Einiges beigebracht. Dafür kannst du dich bei deinem Pferd bedanken, in dem du es ausgiebig lobst. „Gut gemacht, Nino!", kannst du zum Beispiel mit freundlicher Stimme sagen, außerdem seinen warmen Hals streicheln. Dann legst du den Zügel auf den Hals, behältst ihn aber in der linken Hand, die du zum Absteigen auf den Hals oder den Sattel aufstützt.
Nun ziehst du die Füße aus den Steigbügeln, schwingst das rechte Bein über seine Kruppe und springst zur linken Seite hin ab. Schieb die Steigbügel hoch und lockere den Sattelgurt um ein oder zwei Loch.

Alles in Ordnung?

Nun führst du dein Pferd zum Anbindeplatz, wo du ihm Sattel und Trense abnimmst. Egal ob du vom Ausritt oder von der Reitstunde in der Halle kommst: Nach dem Reiten wird das Pferd auf Druckstellen und Verletzungen untersucht. Vor allem Widerrist, Rücken und Brust musst du kontrollieren, also die Stellen, wo Sattel und Gurt lagen. Hier kann es schon mal zu Druck- oder Scheuerstellen kommen. Bürste das Pferd noch mal mit der Wurzelbürste oder Kardätsche ab, so löst du verklebte Fellstellen und sorgst dafür, dass Luft an die Haut kommt. Besonders gründlich musst du dir die Hufe anschauen. Wie vor dem Ritt reinigst du die Unterseite mit dem Hufkratzer. Dabei kannst du Hufe und Beine auf Verletzungen überprüfen.

Wohltat fürs Pferd

Wenn du deinem Pferd noch etwas Gutes tun willst, frag deinen Reitlehrer, ob du es sich wälzen lassen darfst. Stimmt er zu, führ es auf den Reitplatz und

lass den Führstrick ganz lang oder – wenn du allein auf dem Platz bist – nimm ihn ab. Das verschwitzte Fell juckt die Pferde, da ist das Wälzen im Sand eine wohltuende und entspannende Massage. Nach dem Wälzen schüttelt das Pferd den Staub wieder aus dem Fell. Du kannst aber trotzdem noch mal kurz mit der Bürste drübergehen.
Je nach Jahreszeit und Temperatur kannst du dein Pferd abspritzen. Entweder nur die Beine oder – wenn es warm genug ist – den ganzen Körper. Du fängst von unten an, dabei merkst du schnell, ob dein Pferd das mag oder nicht. Ist der Wasserstrahl breit und nicht zu hart, lieben die meisten Pferde so eine Dusche nach dem Reiten. Anschließend wird das Wasser mit dem Schweißmesser regelrecht aus dem triefnassen Fell gezogen. Das Pferd ist aber immer noch feucht und sollte keinesfalls Kälte und Zugluft ausgesetzt werden.

Das tut gut: erfrischende Dusche nach dem Reiten.

Trocknen mit dem Schweißmesser

Decke gegen Schnupfen

An warmen Tagen im Frühjahr und Herbst schwitzen Pferde oft besonders stark, da sie noch oder schon wieder Winterfell haben. Dann empfiehlt es sich, das verschwitzte Fell zu bürsten und anschließend eine Abschwitzdecke aufzulegen. Sie besteht aus einem saugfähigen Stoff, der die Feuchtigkeit aufnimmt. So bleibt das Pferd schön warm und ist gegen Erkältung geschützt. Nun führst du dein Pferd zurück in den Stall, wo du dich mit weiteren Streicheleinheiten und Leckerli bis zum nächsten Ritt von ihm verabschiedest.

Ein leckeres Dankeschön

Die Abschwitzdecke schützt vor Erkältung.

Das Pflegepferd

Fast wie dein eigenes Pferd: das Pflegepferd

Nun hast du schon viel übers Reiten gelernt. Du weißt, wie du dein Pferd lenkst und wie du es pflegst und versorgst. Unter den Schulpferden hast du bestimmt ein Lieblingspferd, und vielleicht gibt es in eurem Reitstall auch schöne und liebe Privatpferde. Am liebsten hättest du natürlich dein eigenes Pferd, um das du dich immer kümmern und das du immer reiten kannst. Doch ein eigenes Pferd kostet viel Zeit und noch mehr Geld. Es gibt aber eine Möglichkeit, wie du so etwas wie ein eigenes Pferd haben kannst: ein Pflegepferd. So nennt man ein Pferd aus dem Reitstall, um das du dich besonders kümmerst. Das kann ein Schulpferd oder ein Privatpferd sein. Meist heißt das, du hilfst zu bestimmten Zeiten bei der Stallarbeit, du putzt und versorgst dein Lieblingspferd, bringst es auf die Weide und machst dich auch bei der Pflege von Sattel und Trense nützlich. Manche Pferdebesitzer lassen dich zum Dank ab und zu auf ihm reiten. Dies ist jedoch beim Pflegepferd nicht selbstverständlich und muss mit dem Besitzer vereinbart werden.

Ein Pferd zum Liebhaben

Viele Pferdebesitzer haben nicht so viel Zeit für ihr Pferd, wie sie sich wünschen und freuen sich, wenn ein zuverlässiges Mädchen Sunny oder Bella regelmäßig pflegt und bewegt. Natürlich wird sich der Pferdebesitzer erst mal genau ansehen, wie du mit seinem Pferd umgehst und wie du reiten kannst. Zumindest sollte er das tun, denn wenn er ein guter Pferdebesitzer ist, liegt ihm daran, dass du und sein Liebling gut miteinander klarkommt. Er kann dir auch die Eigenarten seines Pferdes erklären und dir ein paar Tipps zum Reiten geben.

Engelchen oder Teufelchen

Andererseits musst auch du eure Vereinbarung genau prüfen. Leider gibt es Fälle, in denen arbeitsscheue Pferdebesitzer die Pflegemädchen ausnutzen. Sie lassen sie im Stall schuften und verlangen Leistungen, die mit deinem Pflegepferd nichts zu tun haben. Wenn du ihnen die Stiefel wienern oder stundenlang den Hof fegen sollst, hat das mit Pflegepferd nichts mehr zu tun. Schau dir auch das Pferd genau

Pflegepferde sollten sich brav und gesittet zur Weide führen lassen.

Wenn du Glück hast, darfst du dein Pflegepferd auch reiten.

an. Ist es gut erzogen? Ein Pferd, das die Ohren anlegt, wenn du seine Box betrittst, ist kein gutes Pflegepferd. Lässt es sich brav führen und anbinden? Gibt es problemlos die Hufe?

Lass dich nicht aus Mitleid auf ein so ungezogenes Pflegepferd ein!

Aha!

Nicht immer darfst du ein Pflegepferd auch reiten. Vielleicht reichen deine Reitkenntnisse für Pferd A noch nicht aus, oder Pferd B wird aus Altersgründen nicht mehr geritten oder Pony C ist wegen seiner Sehnenprobleme unreitbar. Wenn du dich trotzdem um so ein Pferd kümmern möchtest, ist das sehr löblich. Und die Freundschaft zu einem Pferd kann auch ohne Reiten eine Erfüllung sein.

Mehr als nur reiten: die Verantwortung für ein Pferd

Zur Reitbeteiligung gehört auch die Pflege von Sattel und Trense.

Die Regeln müssen genau mit dem Besitzer oder der Besitzerin der Reitbeteiligung vereinbart werden.

Falls du es reiten darfst, sollte es auch unterm Sattel willig und gut ausgebildet sein, sonst hast du keine Freude daran. Mancher Pferdebesitzer glaubt, er könne sein ungebärdiges Pferd von einem reitbegeisterten Mädchen wie dir billig korrigieren lassen. Davon musst du die Finger lassen, auch wenn Bella noch so schöne Augen hat. Bitte ruhig deinen Reitlehrer um seine Meinung. Er kann am besten beurteilen, ob du und ein bestimmtes Pferd Freunde werden könnt oder ob du nur ausgenutzt wirst.

Die Reitbeteiligung

Die Reitbeteiligung gibt dir schon fast das Gefühl, ein eigenes Pferd zu besitzen. Du musst Pflichten auf dich nehmen und bei Wind und Wetter im Stall sein. Dafür hast du aber auch Rechte. Wie der Name schon sagt: Bei der Reitbeteiligung darfst du reiten. Im Großen und Ganzen ist es ähnlich wie mit einem Pflegepferd: Du beteiligst dich an der Stallarbeit und an der Pflege, darüberhinaus aber auch an den Unterhaltskosten des Pferdes. Die meisten Pferdebesitzer verlangen einen Kostenbeitrag von 50 bis 100 Euro im Monat. Das erscheint dir vielleicht viel, ist aber im Vergleich, ein eigenes Pferd zu halten, sehr günstig. Doch für deine Mühe und Kosten hast du das Recht, dein Wunschpferd – nennen wir es einmal „Moro" – auch zu reiten. Wenn du und der Pferdebesitzer euch einig seid, dass du mit Moro gut zurechtkommst, müsst ihr klare Regeln über dessen Nutzung aufstellen. Sonst kann es leicht zu Missverständnissen und Ärger kommen. Am besten ihr vereinbart bestimmte Wochentage, an denen Moro dir gehört, das heißt, an diesen Tagen steht er dir zum Reiten zur Verfügung.

Wenn du gern ausreitest, such dir eine Reitbeteiligung, mit der du das darfst.

Passt ihr zusammen?

Es muss auch genau vereinbart werden, wann und wie du deine Reitbeteiligung nutzen kannst. Darfst du Moro in der Reitstunde reiten? Darfst du ihn

Wirst du dich nicht scheuen, auch bei Regenwetter zu reiten?

Aha!

Du musst dir über eins im Klaren sein, auch wenn du es noch so lieb hast: Sowohl Pflegepferd als auch Reitbeteiligungspferd gehören nicht dir. Der Besitzer kann mit dem Pferd wegziehen oder es verkaufen, ohne dich zu fragen. Nur wenn du eine Trennung verkraften kannst, solltest du dich um ein Pflegepferd oder eine Reitbeteiligung bemühen.

alleine in der Halle reiten? Darfst du mit ihm ins Gelände? In der Gruppe? Allein? Darfst du mit ihm springen? Du siehst, es gibt viele Fragen. Je besser alles geklärt ist, um so weniger Streitigkeiten gibt es später. Natürlich müsst ihr auch reiterlich zusammenpassen. Reitbeteiligungen gibt es in der Regel nur für fortgeschrittene Reiter, da diese ja selbstständig und ohne Beisein des Besitzers reiten sollen.

In guten und in schlechten Zeiten

Sicherlich ist das Reiten das Tollste an der Reitbeteiligung, und du hast ein Recht darauf. Das kann sich aber ändern, wenn das Pferd krank wird und eine Zeitlang nicht geritten werden kann. Du bist trotzdem mitverantwortlich für das Pferd und musst auch in der Zeit deine Pflichten erfüllen, das heißt an bestimmten Tagen den Stall misten, das Pferd versorgen, wenn nötig herumführen oder longieren oder da sein, wenn der Tierarzt kommt. Wenn dein Herz an deinem Reitbeteiligungspferd hängt, ist das aber sicher kein Opfer.

Es ist ganz wichtig, dass du für den Pferdebesitzer ein verlässlicher Partner bist. Er muss wissen, dass du dich um Moro kümmerst, auch wenn du mal keine Lust hast. Wenn du selbst krank bist oder in Urlaub fährst, ist das etwas anderes. Dann informierst du den Pferdebesitzer, und er wird deinen Stalldienst übernehmen, bis du wieder kommen kannst.

In manchem Reitverein kannst du auch ein talentiertes Springpferd reiten.

Sicher ist sicher

Ob Pflegepferd oder Reitbeteiligung: Ein Vertrag ist in jedem Fall ratsam, außerdem muss der Pferdebesitzer unbedingt eine entsprechende Haftpflichtversicherung haben. Auch du solltest eine private Unfall- und Haftpflichtversicherung haben. Bitte deine Eltern und deinen Reitlehrer, diese Fragen mit dem Pferdebesitzer zu klären.

Die Kosten für Hufschmied und Tierarzt müssen eingeplant werden.

gehen? Möchtest du Englisch oder Western reiten? Magst du Springen oder Dressur? Vielleicht schwebt dir eine bestimmte Rasse vor, dann klär erst ab, ob sie auch zu deinen Plänen passt. Haflinger, Fjordi und Isländer sind verlässliche Freunde fürs Geländereiten, noch dazu meist von robuster Gesundheit. Connemara, New Forest, Welsh oder Deutsches Reitpony sind tolle Einstiegspferde fürs Turnier, stellen aber schon höhere Ansprüche an die Haltung. Dein Pferd sollte größenmäßig zu dir passen, und das auch noch in ein, zwei Jahren. Wenn du also noch wächst, such dir lieber eine Nummer größer aus als ein sehr zierliches Pony, für das du bald zu groß bist. Such dir kein zu junges Pferd aus. Mit acht bis zehn Jahren hat ein Pferd erst die notwendige Ruhe, Ausbildung und Erfahrung, die das Reiten für dich zur Freude machen.

Gesundheit geht vor

Natürlich soll dein Pferd hübsch aussehen, aber setz dir nicht ein bestimmtes Pferd in den Kopf, das womöglich gesundheitliche Probleme hat oder schwierig zu reiten ist. Die Tierarztkosten oder auch die Ausgaben für den Beritt können unkalkulierbar sein. Im Internet und in den Pferdezeitschriften werden Pferde aus Privathand angeboten. Da solltest du immer nach dem Grund des Verkaufs fragen. Beim Züchter wirst du etwas mehr bezahlen müssen, erfährst aber am meisten über Herkunft und Geschichte des Pferdes. Ein Fohlen ist aber nichts für dich. Für die Aufzucht und Ausbildung braucht es viel Geld, Geduld und einen langjährigen Erfahrungsschatz. Beim Händler ist Vorsicht geboten! Ihm geht es vor allem darum, Geld an einem Pferd zu verdienen und du erfährst selten etwas über seine Vergangenheit.
Egal wo du hingehst, nimm auf jeden Fall einen erfahrenen Pferdekenner mit zum Pferdekauf, am besten jemanden, der auch dein reiterliches Können einschätzen kann. Probier mehrere Pferde aus und entscheide dich für das, auf dem du dich richtig wohl fühlst. Bevor deine Eltern den Kaufvertrag unterschreiben, sollte das Pferd einer Ankaufsuntersuchung unterzogen werden. Dabei

Dein Pony sollte größenmäßig zu dir passen – auch wenn du noch wächst!

Verlässliches Robustpferd oder elegantes Sportpferd?

prüft der Tierarzt den Gesundheitszustand des Pferdes. So hast du mehr Sicherheit, dass dein Pferd in Ordnung ist. Wenn alles stimmt und du ein Pferd findest, zu dem dein Herz und dein Verstand Ja sagen, dann bist du am Ziel und wirst viel Freude an deinem eigenen Traumpferd haben.

Nimm eine erfahrene Person mit zum Pferdekauf!

Achtung!

Bitte kein Schlachtpferd! Es spricht für dich, wenn du ein armes Pferd vor dem Schlachter retten möchtest. Doch belaste dich nicht mit einem kranken oder schwierigen Pferd. Die Kosten können ins Unermessliche gehen, entweder für den Tierarzt oder für einen Trainer. Ob du es je reiten kannst, ist fraglich. Also: Finger weg vom Mitleidskauf!

Reiten lernen hört niemals auf – auch nicht mit dem eigenen Pferd!

Dein erstes Turnier

Vielleicht gehst du in eine Reitschule, die gelegentlich kleine Wettbewerbe veranstaltet oder in der es Reiter gibt, die öfter zu Spring- oder Dressurturnieren fahren. Und du fühlst dich reif, selbst einmal bei einem Wettbewerb mitzumachen? Dann solltest du deine erste Turnierteilnahme gut vorbereiten. Als Einstieg bieten sich Wettbewerbe im Breitensport an, auch Freizeitsport genannt. Hier sind alle Arten von Wettbewerben möglich, bei denen nur die Sicherheit und der Tierschutz beachtet werden müssen. Erst im Leistungssport geht es darum, durch Siege und Platzierungen in immer höhere Klassen aufzusteigen.

Spiel und Spaß

Breitensportliche Wettbewerbe sollen vor allem eines: Spaß machen. Der Fantasie sind kaum Grenzen gesetzt. Ob Geschicklichkeitsparcours, Reiterspiele, Rallyes oder die ersten Spring- und Dressuraufgaben – hier kannst du dich einigermaßen entspannt deinen ersten Prüfungen stellen. Auch wenn du schon von Schleifen und Pokalen träumst, setz dich und dein Pferd nicht unter Druck, sondern mach erst mal mit, um Erfahrung zu sammeln und Spaß zu haben. Wenn du sicher im Sattel sitzt, die Reitbahnregeln kennst und dein Pferd in allen Grundgangarten reiten kannst, kannst du dich zu einer Reiterprüfung anmelden. Das ist fast wie eine Reitstunde. Du reitest in der Abteilung, ein Prüfer steht in der Bahn und stellt Aufgaben. Bewertet werden dein Sitz und deine Hilfengebung.

Helfen und zusehen

Um echte Turnierluft zu schnuppern, kannst du einem Turnierreiter anbieten, mit ihm mitzufahren und zu helfen. Es gibt immer was zu tun. Das Pferd versorgen, es mal kurz halten, es grasen lassen, den Pferdehänger sauber machen, das Heunetz füllen, Wasser holen, den Sattel polieren und vieles mehr. Und zwischendurch hast du genügend Zeit, dir die Prüfungen anzusehen. So bekommst du eine Vorstellung, was bei einem Turnier auf dich zukommt.

Dabeisein ist alles

In vielen Reitbetrieben werden ab und zu Übungsturniere veranstaltet. Wenn du Glück hast, gibt es so etwas an deinem Reitstall. Wenn nicht, kannst du es ja mal anregen. Hier kannst du ohne Leistungsdruck mitmachen und brauchst nicht einmal dein Pferd irgendwohin zu transportieren. Auf der vertrauten Anlage werdet ihr beide, du und dein Pferd, auch weniger nervös sein als in fremder Umgebung. Doch auch hier gilt: Eine gründliche Vorbereitung ist unerlässlich. Turnierreiter sagen, was zu Hause nicht wie im Schlaf klappt, sollte man in einer Prüfung gar nicht erst versuchen. Also, wenn du eine Springprüfung mitmachen willst, musst du vorher einen entsprechenden Parcours reiten. Dabei lernst du auch, dir den Weg durch den Parcours einzuprägen. Je mehr du übst, desto geringer

Cooler Job: Helfer beim Turnier

Die erste Dressurprüfung

Fast wie eine Reitstunde: die Reiterprüfung

Guter Einstieg: ein Spaß- und Geschicklichkeitsturnier

Idealer Anfang: ein Übungsturnier im eigenen Stall

Du musst dir den richtigen Weg durch den Parcours einprägen.

ist nachher der Prüfungsstress. Zu viel Üben ist aber auch nicht gut, damit kannst du dein Pferd „sauer" machen. Dein Reitlehrer hilft dir, das richtige Maß zu finden. Klappt der Springparcours im Training problemlos, kannst du dich zu einem Übungsturnier anmelden. Trotz guter Vorbereitung und vertrauter Umgebung – rechne damit, dass du und dein Pferd trotzdem mächtig nervös seid. Wenn du in die Bahn reitest, dein Name durch die Lautsprecher schallt und alle Zuschaueraugen auf dich gerichtet sind, ist alles anders. Atme tief durch und vertraue dir und deinem Pferd. Gib dein Bestes und erwarte nicht zu viel. Wenn dein Pferd dreimal verweigert oder du dich verreitest, und ihr müsst ausscheiden, nimm es nicht so tragisch! Das ist das Lampenfieber. Jeder Turnierreiter kennt das aus eigener Erfahrung. Wichtig ist, dass du immer fair zu deinem Pferd bleibst. Straf es nicht, sondern denk daran, es ist vielleicht genauso unsicher wie du.
Aber Sicherheit kommt erst mit der Zeit. Beim nächsten Mal wird es schon ein bisschen besser klappen.

Das ganze Drumherum

Wenn du zum Turnier gehst - und sei es nur ein Übungsturnier Zuhause – solltest du dich und dein Pferd so richtig hübsch machen. Im Freizeitsport achte drauf, dass deine Reitsachen gut passen und perfekt sauber sind. Natürlich kannst du dir auch schon richtige Turnierkleidung anziehen – diese ist später im Leistungs-

Erst wenn Zuhause alles perfekt klappt, seid ihr reif fürs Turnier.

sport Vorschrift. Mach dir eine schicke Frisur, die unter der Reitkappe gut sitzt. Es schadet nicht, dich mit ein bisschen Makeup und Lipgloss für die Prüfung zurechtzumachen. Übertriebenes Anmalen wäre aber fehl am Platz.
Auch dein Pferd soll blitzblank aussehen. Vor dem Turnier ist also ausgiebiges Putzen angesagt. Du kannst Mähne und Schweif waschen und die Hufe mit Huffett einreiben, damit sie schön glänzen. Mit einem weichen Schwamm reibst du den Kopf deines Pferdes ab. Vergiss nicht, Ohren, Augenwinkel und die Maulpartie gründlich zu reinigen. Ein wenig Baby-Öl auf den Nüstern und um die Augen gerieben wirken Wunder – dein Pferd sieht gleich viel edler aus! Und auch dein Pferd kann eine Turnierfrisur bekommen. Hat es eine kurze Mähne, kannst du ihm kleine Zöpfchen flechten, wie du es von Turnierpferden im großen Sport kennst. Hat es eine lange dicke Mähne, bietet sich ein Spanischer Zopf an. Frag mal im Reitstall, ob dir jemand damit helfen kann.
Auch Sattel, Satteldecke und Trense werden vor einem Turnier auf Hochglanz gebracht. Eine rückfettende Lederseife reinigt und pflegt alle Lederteile perfekt.

Achtung Ansteckung!

Auch Pferde können Grippe haben, und beim Turnier treffen viele fremde Pferde aus unterschiedlichen Ställen zusammen. Damit sie sich

Nicht sauer sein, wenn das Pony verweigert!

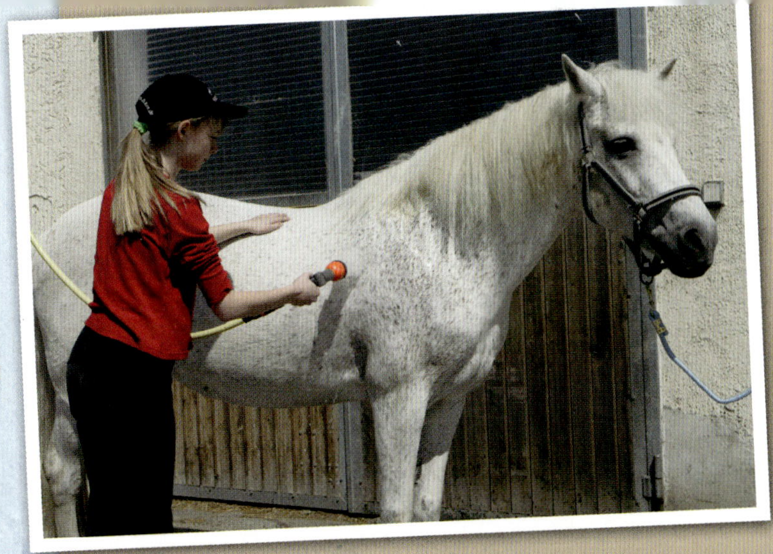

Gründliche Wäsche fürs Turnier

Kleine, gerollte Zöpfchen: die perfekte Turnierfrisur

Schick für Langhaarige: der Spanische Zopf

Die Hufe werden auf Hochglanz gebracht.

Ein Pferd galoppiert
mit seiner Lunge,
hält durch mit seinem Herzen,
gewinnt mit seinem Charakter.
- Frederico Tesio -

Pferdesport

Wer rennt am schnellsten? Wer springt am höchsten? Wer läuft am weitesten? Es liegt den Menschen im Blut, Herausforderungen zu suchen und sich mit anderen zu messen. Für Pferdefreunde gibt es eine ganze Reihe von Sportarten, in denen sie sich zusammen mit ihrem vierbeinigen Partner Prüfungen und Wettbewerben stellen können.

Reitweisen – mal lässig, mal elegant

In ihrer gemeinsamen Geschichte nutzten Menschen die Pferde zu vielerlei Zwecken: Reisen, Rennen, Rindertreiben, Krieg und Kämpfe, Transporte von Personen und Gütern und schließlich zur hohen Reitkunst. Dem jeweiligen Bedarf entsprechend wurden Pferde und Ausrüstungen spezialisiert, und so entstanden verschiedene Rassen und Reitweisen.

Aha!
Keine Reitweise ist „leichter" als die andere. Für jede Art des Reitens benötigen Reiter und Pferde eine solide Grundausbildung, die bei allen Reitweisen ähnlich verläuft.

Englisch: Gute Ausbildung ist die Basis für Dressur und Springen.

Das Westernpferd soll entspannt und mit tiefer Kopfhaltung gehen.

Englische Reitweise

Am weitesten verbreitet ist bei uns die englische Reitweise. Sie umfasst die Sportarten Dressur, Springen und Vielseitigkeit, kommt aber auch im Freizeitbereich an erster Stelle. Der Reiter wirkt durch Schenkeldruck, Zügelanlehnung und Gewichtsverlagerung auf sein Pferd ein. Das Pferd soll „am Zügel" gehen, das heißt, es soll schön aufgerichtet sein, die Stirnlinie soll kurz vor der Senkrechten sein und die Hinterhand sollte gut untertreten, um das Gewicht aufzunehmen.

Westernreitweise

Die Westernreitweise entstammt der Arbeitsreiterei der amerikanischen Cowboys. Diese müssen stundenlang im Sattel sitzen, Viehherden vor sich hertreiben und einzelne Rinder aus der Herde trennen. Dazu brauchen sie schnelle, wendige, ausdauernde und gelassene Pferde, die zur selbstständigen Mitarbeit in der Lage sind. Ihre Aufgaben werden heute auch als Turnierdisziplinen ausgeübt. Cowboys, Turnier- und Freizeitreiter schätzen den großen, bequemen Westernsattel.

Gangpferdereiten

Neben Schritt, Trab und Galopp verfügen die Gangpferderassen noch über zusätzliche Gangarten. Die bekanntesten sind Tölt und Pass des Isländers. Der Tölt ist eine schonende Gangart zwischen Schritt und Trab und wohl die bequemste Art, sich im Sattel vorwärts zu bewegen. Gangpferde waren nützlich für Bauern und Farmer, die große Strecken zurücklegen mussten. Heute sind sie beliebte Freizeit- und Wanderreitpferde.

Klassisch-barockes Reiten

Reiten in Perfektion, das ist das Ziel der klassischen Barockreiterei. Diese Form der Reitkunst entstand an den spanischen Adelshäusern. Höchste Versammlung und spezielle Lektionen wie Levade, Courbette und Kapriole gehören zu dieser Reitweise. Eine langjährige Ausbildung von Reiter und Pferd ist für diese anspruchsvolle Reiterei notwendig. Am besten eignen sich die sogenannten Barockpferderassen, in deren Adern das Blut iberischer Pferde fließt.

Im Tölt scheint der Isländer über die Erde zu gleiten.

In tänzerischer Anmut bewegt sich der barock gerittene Friese.

Englisch Reiten – der Klassiker

Nur ein Pferd, das von seinem Reiter gut und gerecht behandelt wird, dient ihm als zuverlässiger Partner. Schon vor zweieinhalbtausend Jahren sagte dies der griechische Philosoph Xenophon. Er verfasste die erste Reitlehre, die Gewalt strikt ablehnt und statt auf Strafe auf Belohnung setzt. Xenophons Lehre hat bis heute Gültigkeit. Auch wenn das Pferd in seiner Geschichte zu Kriegszwecken genutzt wurde, so entwickelte sich doch genau dort – in der Kavallerie – die klassische Reitkunst. Daraus geht wiederum der heutige Reitsport hervor, der sich in verschiedene Turnierdisziplinen unterteilt.

Die einzigen Reitsportarten, die bei den Olympischen Spielen ausgetragen werden, sind Springen, Dressur und Vielseitigkeit.

Englisch – aber nicht aus England

Diese Sportarten sind heute unter dem Begriff Englisch Reiten zusammengefasst. Sie entstanden jedoch nicht in England, sondern parallel in verschiedenen Ländern Europas. Erst als die amerikanische Westernreitweise in Europa populär wurde, bürgerte sich der Begriff Englisch Reiten ein, um die klassische Reitweise vom Westernstil zu unterscheiden. Die Einwirkung erfolgt durch Zügel-, Schenkel- und Gewichtshilfen.

Die richtige Verständigung

Die Zügel stehen an, das heißt, es gibt eine ständige leichte Verbindung zwischen Reiterhand und Pferdemaul. Durch leichtes Eindrehen oder Ausdrehen der Hände gibt der Reiter seinem Pferd zu verstehen, was er von ihm möchte. Auch das Bein des Reiters hat stets Kontakt zum Pferdekörper. Durch seine Lage am oder hinter dem Gurt und durch bloßes Anliegen oder leichten Druck wird dem Pferd die gewünschte Richtung und Gangart abverlangt. Als drittes Verständigungsmittel dient der Reitersitz. Durch Gewichtsverlagerung, Entlastung oder tiefes Einsitzen teilt der Reiter dem Pferd mit, wohin die Reise gehen soll. Bei echten Könnern sieht das ganz leicht und mühelos aus. Es ist jedoch noch kein Meister vom Himmel gefallen, und so bedarf es bis dahin einer jahrelangen Ausbildung von Zwei- und Vierbeinern.

Tänzerisch und elegant: die Dressur

Zuschauermagnet: Springreiten ist die populärste Pferdesportart.

Nichts für Angsthasen: Die Vielseitigkeit besteht aus Dressur, Springen und einer schwierigen Geländestrecke.

Der Pferdesport wird unterteilt in Breitensport und Leistungssport. Der Breitensport, auch Freizeitsport genannt, soll vor allem Spaß machen und dient als Einstieg in den Leistungssport, in dem die Anforderungen an Pferd und Reiter deutlich höher sind. Reiter benötigen mehrere Jahre Unterricht und sollten im Breitensport schon etwas „Turnierluft" geschnuppert haben.

Reitweise für alle Größen und Rassen

Zum Sportler geboren: Westfälisches Warmblut

Aha!

Die Pferdezucht und der Pferdesport in Deutschland werden organisiert von der Deutschen Reiterlichen Vereinigung in Warendorf. Die Abkürzung ist FN und steht für die französische Übersetzung: Fédération Equestre Nationale.
In Österreich ist der Österreichische Pferdesportverband zuständig, in der Schweiz der Schweizerische Verband für Pferdesport. Adressen siehe Seite 200.

Vor allem Warmblüter sind echte Spezialisten für Springen und Dressur. Für Kinder und Jugendliche gibt es auch kleinere Champions, allen voran das Deutsche Reitpony, das wie ein kleineres Warmblut aussieht und die gleichen Talente hat. Doch selbstverständlich kann man auch alle anderen Pferderassen Englisch Reiten. Ein Tinker wird nicht so hoch springen und ein Fjordpferd nicht so schick piaffieren wie ein Warmblüter. Zum Glück gibt es beim Turnier aber verschiedene Schwierigkeitsgrade, von E (Einsteiger) bis S (schwer). Während in den schweren Klassen die Warmblüter praktisch unter sich sind, halten in den unteren Klassen und im Breitensport auch Hafi und Co. wacker mit.

Schick in Schale

Im Leistungssport ist auch die Kleidung des Reiters von Bedeutung. Für den Alltag und fürs Training genügen Reithose, Reithelm, bequemes, nicht zu weites Oberteil und Reitstiefel oder Stiefeletten und Mini-Chaps oder Jodhpurhose. Willst du jedoch aufs Turnier, so musst du dich ein wenig in Schale werfen. Zwar haben sich die strengen Regeln von früher etwas aufgeweicht, dennoch empfiehlt sich: weiße Hose, lange Stiefel, weiße Turnierbluse mit Stehkragen, Sakko in gedeckter Farbe, also schwarz, dunkelblau, braun oder dunkelgrün. Handschuhe und Reithelm sind absolut Pflicht.

Reithose und lange Stiefel oder lange Jodhpurs: Reine Geschmacksache

Die richtige Ausrüstung

Erst mit der richtigen Ausrüstung hast du beim Reiten Spaß und Erfolg. Für jede Sportart gibt es einen geeigneten Sattel, und auch Zaumzeug und Gebiss müssen Pferd und Reiter angenehm sein und zu der jeweiligen Reitweise passen.

Zäumungen

Hannoversches Reithalfter mit Wassertrense

Englisches Reithalfter mit Wassertrense

Kombiniertes Reithalfter mit Wassertrense

Sättel

Der Vielseitigkeitssattel ist ein Mehrzwecksattel, mit dem man bis zu einem bestimmten Grad Dressur- und Springreiten kann. Er ist ideal für Freizeitreiter, zum Beispiel fürs Geländereiten.

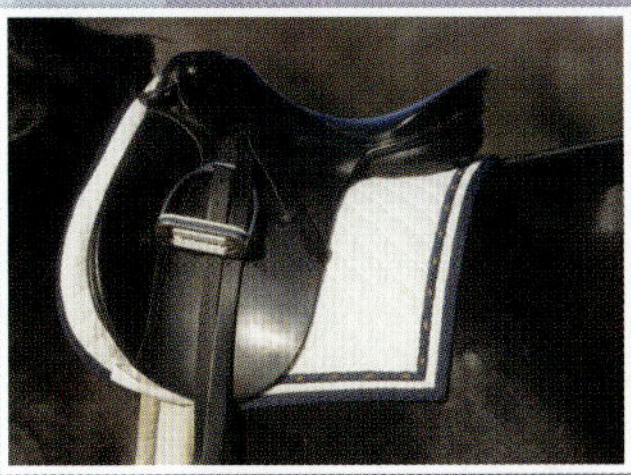

Der Dressursattel hat ein langes Sattelblatt und erlaubt dem Reiter mit langen Bügeln und langem Bein zu reiten, wie es für die Aufgaben in der Dressur erforderlich ist.

Beim Springreiten werden die Steigbügel kurz geschnallt. Der Springsattel hat dicke Pauschen am vorderen Sattelblatt, die den Knien über dem Sprung und bei der Landung Halt geben.

Hoch hinaus: Springreiten

Dass Pferde über Hürden springen, gab es früher nur bei Reitjagden. Auf der Strecke wurden natürliche Geländehindernisse wie Baumstämme oder Wassergräben, später eigens erbaute Hindernisse übersprungen. Für Zuschauer war dieser Sport auf dem weitläufigen Gelände wenig interessant. So wurde im 19. Jahrhundert das Jagdspringen erfunden, bei dem der Reiter verschiedene Hindernisse in einer überschaubaren Reitbahn, dem Parcours, überwinden musste. Schon bei den Olympischen Spielen 1900 gingen Reiter in drei Wettkämpfen an den Start: Hochspringen, Weitspringen und Jagdspringen. Letzteres entspricht den heute üblichen Springprüfungen, die Steilsprünge, Hochweitsprünge und Weitsprünge umfassen. Die wichtigste Voraussetzung für das Springreiten ist eine gründliche Ausbildung von Reiter und Pferd. Neben reiterlichem Können braucht der Zweibeiner eine Menge Mut, Begeisterung und Ehrgeiz, vor allem aber auch Verantwortung für sein Pferd. Vom Vierbeiner wird Schnelligkeit, Geschick und Springvermögen verlangt. Und nur ein Pferd, das Freude am Springen zeigt, sollte in einen Parcours geschickt werden.

Start frei

Vor der Prüfung betreten die Reiter zu Fuß den Parcours. Konzentriert marschieren sie von Sprung zu Sprung, um dann abschätzend an Oxer oder Stangenrick stehen zu bleiben. In dieser Parcoursbegehung dürfen die Reiter sich mit Sprüngen, den Abständen und dem Weg zwischen den Hindernissen vertraut

Höchstleistung vor großem Publikum: Da braucht man gute Nerven.

Geschafft! Riesenfreude nach gelungener Springprüfung

machen, um ihren Ritt darauf einzustellen. Wenn die Startglocke ertönt, geht es los. In festgelegter Reihenfolge müssen die Hindernisse überwunden werden und das ohne Fehler in möglichst kurzer Zeit. Am Anfang und am Ende des Parcours wird eine Lichtschranke durchquert, die die Zeit auf eine Hundertstelsekunde genau misst. Doch Springprüfung ist nicht gleich Springprüfung. Es gibt verschiedene Schwierigkeitsgrade von E (Einsteiger), A (Anfänger), L (Leicht), M (Mittelschwer) bis S (Schwer). Bei den meisten Turnieren werden Fehler und die Zeit bewertet. Fällt eine Stange, gibt es Strafpunkte. Wer die wenigsten Springfehler macht, ist Sieger. Erst bei Punktgleichheit entscheidet die schnellste Zeit.

Vorbildlich über das Hindernis: Absprung ...

... Flugphase ...

... und Landung

Bewertung

Fehler	**Strafpunkte**
Abwerfen einer oder mehrerer Stangen bzw. sonstiger Teile des Hindernisses	4
Wassergraben: Landung im Wasser oder auf dem weißen Begrenzungsband	4
Erste Verweigerung	3
Zweite Verweigerung	6
Dritte Verweigerung	Ausschluss
Sturz von Reiter oder Reiter und Pferd	8
Überschreiten der zulässigen Zeit	$^1/_4$ Punkt je Sekunde
Verreiten, also falsche Hindernisfolge	Ausschluss

Hindernisse:

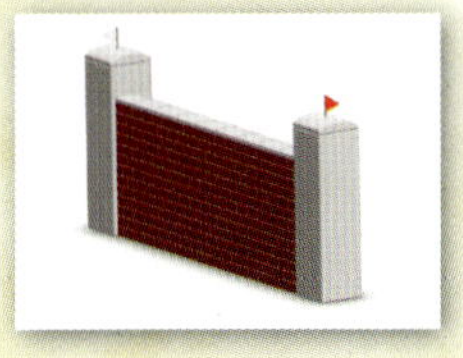

Steilsprung: Mauer

Hochweitsprung: Oxer

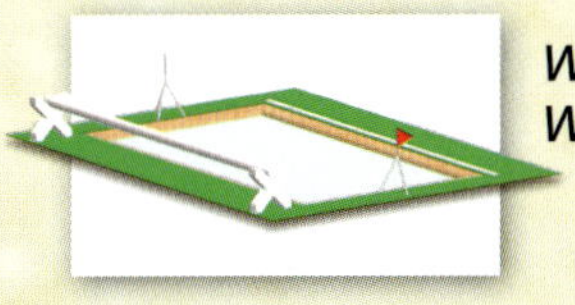

Weitsprung: Wassergraben

Tänzer im Dressurviereck

Damit fängt alles an: Ohne eine gründliche Dressurausbildung ist kein Pferd im Sport erfolgreich. Dressur heißt im Grunde nichts anderes, als dass ein Pferd alle Reiterhilfen unmittelbar und korrekt befolgt und dass es gut gymnastiziert ist, um ohne gesundheitlichen Schaden unter dem Reitergewicht Höchstleistungen zu vollbringen. Erst wenn alle Grundgangarten und Wendungen perfekt sitzen, können sich Reiter und Pferd auf eine Sportart spezialisieren. Im Dressursport werden Ausdruck und Eleganz der Bewegungen weiter gefördert. Schritt, Trab und Galopp werden in Versammlung und Verstärkung geritten, wobei der Raumgriff, aber nicht der Takt verändert wird. Ein gutes Dressurpferd versteht allerfeinste, kaum sichtbare Hilfen seines Reiters, sodass Zwei- und Vierbeiner zu einer harmonischen Einheit verschmelzen.

Reiten in Perfektion

Die Dressurprüfung findet im Dressurviereck statt, einer Reitbahn, die je nach Klasse 20 x 40 oder 20 x 60 Meter groß ist. Pferd und Reiter müssen eine Anzahl von Aufgaben in vorgegebener Reihenfolge ausführen. Grundgangarten, Seitengänge, Wendungen und die reiterliche Einwirkung werden mit einer

Note zwischen 0 (nicht gezeigt) und 10 (ausgezeichnet) bewertet. In der Kür dürfen Abfolge und Ausführung der Lektionen frei gewählt werden.
Die Dressur ist die kunstvollste Form des Reitens. In den schwierigsten Klassen werden Lektionen wie Piaffe, Pirouette und Passage verlangt, bei der das Pferd zum Tänzer wird. Dressurprüfungen werden mit sorgfältig ausgewählter Musikbegleitung vorgeführt, was den künstlerischen Eindruck noch verstärkt.

Kleider machen Leute

In den unteren und mittleren Klassen ist normale Turnierkleidung, also dunkles Jackett, weiße Hose, lange Stiefel und Reithelm vorgeschrieben. Richtig elegant wird es in der schweren Klasse bei großen internationalen Dressurprüfungen. Reiterinnen und Reiter tragen Frack und Zylinder. Die Ausstattung ist bewusst einheitlich vorgeschrieben, damit die Richter nicht durch schicke, bunte oder auch nachteilige Kleidung beeinflusst werden. Die Pferde sind sind ab L-Dressur-Prüfungen auf Kandare gezäumt, was eine äußerst sensible Reiterhand verlangt und feinstmögliche Zügelhilfen ermöglicht.

Nur für Könner: Kandarenzaum und Unterlegtrense

Die Anforderungen im Dressursport:

Klasse	Schwierigkeitsgrad	Dressur Lektionen
E	Einsteiger	Grundgangarten, Mittelschritt, Bahnfiguren
A	Anfänger	Grundgangarten, Mittelschritt, Mitteltrab, Mittelgalopp, einfacher Galoppwechsel, Bahnfiguren
L	Leicht	Zusätzlich: versammelter Trab und Galopp, Außengalopp, Hinterhandwendung
M	Mittelschwer	Zusätzlich: Starker Schritt, Trab, Galopp, Seitengänge, fliegender Galoppwechsel, Schrittpirouette
S	Schwer	Zusätzlich: Passage, Galopp-Pirouette, Piaffe, Einerwechsel

Besonders anspruchsvolle Dressuraufgaben:

Traversale – eine Vorwärts-Seitwärtsbewegung im Trab (Foto) oder Galopp

Passage – ein erhabener Trab mit hoher Knieaktion

Piaffe – der Trab auf der Stelle

Pirouette – Hinterhandwendung im Galopp

Vielseitigkeit: Die Krone der Reiterei

Früher hieß die dritte olympische Reitsportdisziplin „Military", denn sie kam ursprünglich aus dem Militär und war Offizieren in Uniform vorbehalten. Das ist Vergangenheit, und heute ist dieser Begriff nicht mehr zeitgemäß. Der Begriff Vielseitigkeit beschreibt genau die Anforderungen an Pferd und Reiter.
Eine Prüfung besteht aus drei Teilen: Einer Dressurprüfung, dem Geländeritt und der abschließenden Springprüfung. Da die Vielseitigkeit alle Disziplinen umfasst, wird sie die Krone der Reiterei genannt. Die drei Einzelwettbewerbe erstrecken sich über zwei bis drei Tage und müssen mit ein und demselben Pferd bewältigt werden. Es muss also ein wirklich vielseitiges Pferd sein, das neben Spring- und Dressurtalent auch noch Mut und Ausdauer für die schwierige Querfeldeinstrecke hat.

Fitness und Vertrauen

Begonnen wird mit der Dressur. Die Aufgaben sind etwas einfacher als in einer vergleichbaren reinen Dressurprüfung. Es folgt die Geländestrecke, die im Galopp bewältigt wird und mit etlichen Hindernissen versehen ist. Diese sind natürliche Hürden wie Baumstämme, Wassergräben, Hecken, Senken und Wälle und haben den Vielseitigkeitsreitern auch den Namen „Buschreiter" eingebracht. Für so einen waghalsigen Ritt ist hundertprozentiges Vertrauen zwischen Pferd und Reiter erforderlich. Buschreiter und ihre Pferde haben daher eine besonders enge Beziehung zueinander. Abschluss eines Vielseitigkeitsturniers ist meistens die Springprüfung, die jedoch verhältnismäßig einfach ist. Vorher werden die Pferde in der sogenannten Verfassungsprüfung vom Tierarzt begutachtet. Die lange Geländestrecke am Vortag steckt manchen noch in den Knochen. Nur wer sich vollständig erholt hat und wieder fit und munter ist, darf in den Springparcours und den Wettbewerb zu Ende führen.

Null gewinnt

Alle drei Teilprüfungen werden mit Strafpunkten bewertet. Die Dressur muss also umgewandelt werden – das beste Ergebnis, in der reinen Dressur mit der höchsten Note belohnt, bekommt hier die niedrigste Punktwertung. Für die Geländestrecke gibt es eine vorgegebene Zeit, die eingehalten werden muss. Zeitüberschreitung und Springfehler geben Strafpunkte. Auch das Springen wird mit Strafpunkten gewertet, sodass am Ende der Reiter mit der niedrigsten Punktzahl gewinnt.

So ein Graben verlangt absolutes Vertrauen vom Pferd.

Mutig stürzen sich Pferd und Reiterin einen Steilhang hinunter.

Zur Vielseitigkeit gehören auch eine Dressur- ...

... und eine Springprüfung.

Aha!

Die Vielseitigkeitsreiterei gilt verbreitet als gefährlich, manche sagen sogar tierquälerisch. Beides trifft zu, wenn Ross und Reiter mit den schwierigen Aufgaben überfordert sind. Sind beide jedoch fit und in guter Kondition und haben sich sportlich wirklich gut auf die Prüfungen vorbereitet, sind die Risiken überschaubar.

Western – Arbeit, Sport und Spaß

Best friends

Ein Pferd zu reiten ist wie Traktor fahren – Arbeit eben. Das sagt ein Cowboy, der sich nie zum Spaß in den Sattel schwingen würde. Reiten ist sein Job, was nicht heißt, dass er die Arbeit und sein Pferd nicht liebt. Die Bindung zu seinem Pferd ist sogar besonders eng, denn er verbringt viel Zeit mit seinem vierbeinigen Partner und verlässt sich hundertprozentig auf ihn. Genau wie der Westernreiter, der im Gelände, in der Reithalle oder auf dem Westernturnier im Sattel der Cowboys Platz nimmt. Als Sport ist die amerikanische Cowboyreitweise heute auf der ganzen Welt verbreitet.

Gleich und doch nicht gleich

Westernreitweise und Englisch Reiten haben viel gemeinsam: Der Reiter muss in guter Balance im Sattel sitzen, sein Pferd soll gründlich ausgebildet

und gymnastiziert sein und korrekt an den Hilfen stehen, also die Signale des Reiters willig befolgen. Die Einwirkung selbst unterscheidet sich jedoch erheblich von der klassischen Reitweise. Es gibt keine ständige Zügelanlehnung und keinen fortwährenden Schenkeldruck. Die Hilfen werden impulsartig gegeben, das heißt, der Reiter fordert sein Pferd durch kurzen Schenkeldruck und Gewichtsverlagerung zu einer schnelleren Gangart auf. Befolgt das Pferd sein Kommando, nimmt er den Druck wieder weg, und das Pferd bleibt so lange in der gewünschten Gangart, bis ein neues Zeichen des Reiters erfolgt. Die Zügel hängen leicht durch und wirken durch das sogenannte „Neck Reining“, das heißt, durch das Anlegen des Zügels an den Hals des Pferdes. Das Pferd weicht diesem Druck aus und läuft in die andere Richtung. Gleichzeitig wendet sich der Reiter in die gewünschte Richtung, wobei automatisch der äußere Schenkel

Freiheit, Abenteuer, Romantik

Die Arbeit der amerikanischen Cowboys ist der Ursprung des Westernreitens.

Das „Snaffle Bit“, eine einfach gebrochene Wassertrense

das Pferd berührt, während der innere sozusagen „aufmacht“. Das Gewicht verlagert sich, der äußere Zügel liegt am Pferdehals. Ein guter Reiter kann sein Pferd richtiggehend über die eigene Körperhaltung steuern.

Lässig mit einer Hand

Während für Reiter und Pferd am Anfang ihrer Ausbildung beidhändiges Reiten steht, ist das Ziel die einhändige Reitweise mit der Westernkandare, dem „Curb Bit“. So reiten die Cowboys, denn sie benötigen eine freie Hand, um das Lasso zu schwingen oder Weidetore zu öffnen. Ihre Pferde müssen spritzig, wendig, stark und dennoch gelassen und ausdauernd sein. Um auf tagelangen Viehtrieben so bequem wie möglich im Sattel zu sitzen, benutzen sie große, schwere Sättel, die auch fürs Pferd angenehm sind, da sie das Gewicht großflächig verteilen. Das schätzen nicht nur Cowboys, sondern auch Freizeitreiter auf stunden- oder tagelangen Wanderritten. Natürlich reiten Cowboys auch nicht in Reitstiefeln und Reithose. Sie tragen Hemd, Weste, Jeans und Boots. Über die Jeans ziehen sie Chaps, das sind lederne Überhosen, die Wind und Nässe abhalten, und außerdem beim Ritt durch dichtes Gestrüpp Haut und Hosen schützen. Der breitkrempige Cowboyhut hält Sonne und Regen ab. Für Westernreiter, die mit stilechtem Hut reiten wollen, gibt es Sicherheitsschalen, das sind spezielle Helme, die unter den Hut passen.

Die richtige Ausrüstung

Westernkandare mit „Curb Bit“

Westernsattel

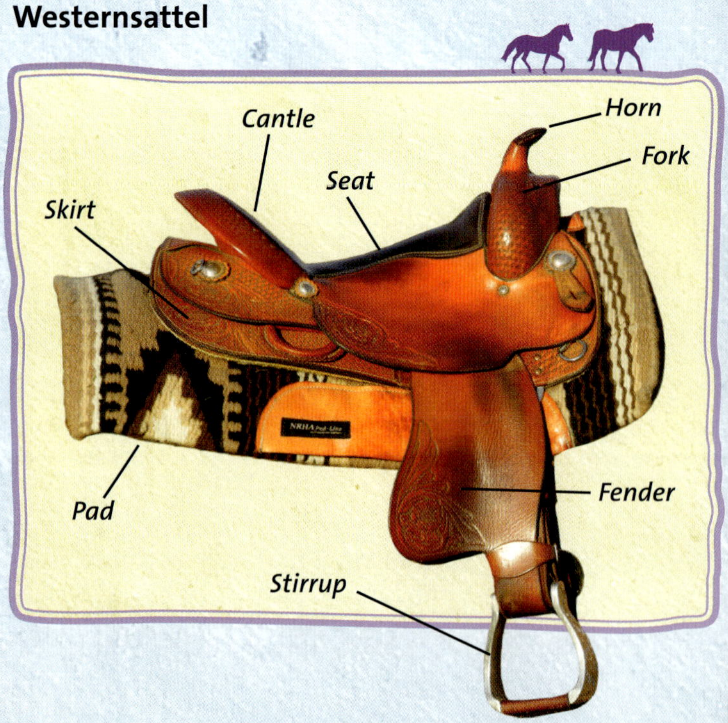

Aha!

Zum Westernreiten gehört es, einen Cowboyhut zu tragen. Zum Schutz gibt es Sicherheitsschalen, die unter den Hut passen. Man kann aber genausogut mit Reithelm reiten.

Drehung um die Hinterhand, an die sich erneut ein Galopp anschließt. Wechselt der Reiter den Zirkel, so soll er einen „Flying lead change“ – also einen sauberen fliegenden Galoppwechsel zeigen. Okay?

Pleasure

Der Begriff heißt „Vergnügen“, und das soll die Western Pleasure ausdrücken. Geritten wird diese Prüfung in Gruppen, die die vom Richter angesagten Aufgaben ausführen. Es kommt auf ruhige, flüssige Grundgangarten an, korrektes Rückwärtsrichten und weiche Übergänge zwischen den Gangarten. Sagt der Richter „Lope your horse“, müssen die Reiter angaloppieren. Lektionen und Gangarten werden stilgemäß in Englisch verlangt. „Walk“ heißt Schritt, „Jog“ ist Trab und „Lope“ der Galopp. Besonders wichtig ist in der Pleasure der äußere Gesamteindruck. Dazu zählt die korrekte entspannte Haltung von Reiter und Pferd, außerdem müssen Pferd, Reiter und Ausrüstung tipptopp hergerichtet sein.

Trail

Auf seinen Wegen stößt der Cowboy auf verschiedene Hindernisse: Mal muss er einen Bach überqueren, immer wieder Weidetore öffnen, dabei sein Pferd rückwärts und seitwärts manövrieren. Der Western-Trailparcours ist diesen natürlichen Hindernissen nachempfunden. So muss der Reiter ohne abzusteigen ein Tor öffnen, hindurchreiten und es hinter sich schließen. Dazu muss er sein Pferd zentimetergenau in jede Richtung bewegen. Ein „L“ oder ein “U“ aus Stangen muss rückwärts durchritten werden, ohne dass die Stangen berührt werden. Viel Vertrauen verlangt auch die Holzbrücke, über die das Pferd ruhig und flüssig gehen soll. Das Rumpeln des Hufschlags auf dem Holz darf das Pferd nicht erschrecken.

Cutting

Eine typischer Cowboyjob ist es, einzelne Rinder zum Brennen, zum Impfen oder einer Behandlung aus der Herde heraus zu trennen. Dazu braucht er ein Pferd mit „Cow Sense“, dem natürlichen Instinkt für Kühe, der dem Quarter Horse seit Jahrhunderten angezüchtet ist. Aus dieser Aufgabe wurde die Westerndisziplin „Cutting“ (to cut heißt schneiden, heraustrennen). Es geht darum, ein Rind aus einer Herde herauszutreiben und es anschließend an der Rückkehr in die Herde zu hindern. Dazu versperren

Rückwärtsrichten durch ein Stangen-L

Pleasure-Reiter dürfen in Gruppen starten.

Cutting-Pferde müssen selbstständig arbeiten.

Pferd und Reiter ihm den Rückweg. Nun kommt es drauf an, wer schneller und wendiger ist. Das Rind agiert, das Pferd reagiert auf jede seiner Bewegungen. So kommt es zu spektakulären Wendungen. Zuweilen muss das Pferd richtiggehend im Zickzack auf der Hinterhand hin- und herspringen. Diese Aufgabe soll das Pferd völlig selbstständig ausführen, der Reiter legt die Zügel auf den Pferdehals und sitzt passiv im Sattel.

Athletisch, muskulös, kompakt: Das Quarter Horse ist das perfekte Westernpferd.

Barrel Race

Bei uns ist das Tonnenrennen erst im Kommen, in den USA ist es die Westerndisziplin Nummer eins. Vor allem Frauen und Mädchen treten an, um in der kürzesten Zeit drei Ölfässer („Barrels") zu umrunden, die in einem Dreieck aufgestellt sind. Zuerst werden die seitlichen Fässer umkreist, wobei der Reiter wählen kann, mit welcher Seite er beginnt. Dann geht es um das hintere Fass in der Bahnmitte und anschließend im Renngalopp zurück über die Start- und Ziellinie. Die Kombination aus Schnelligkeit, Abbremsen und engen, exakten Wendungen hat es in sich. Wer zu schnell ist, wirft schon mal eine Tonne um und handelt sich damit Strafsekunden ein.

Gut gemacht! Freude und Erleichterung über gute Leistungen

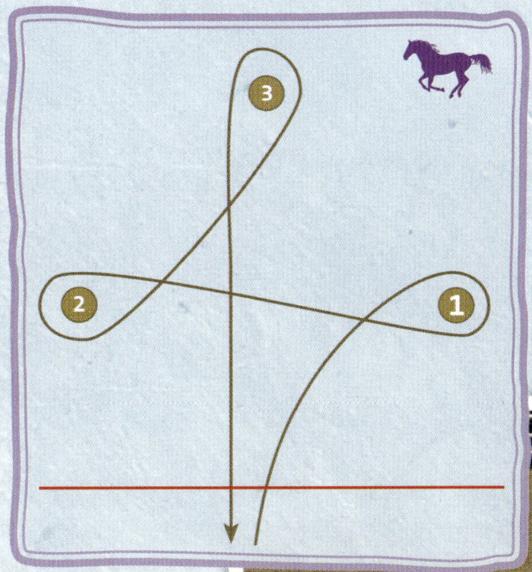

Schwierig: Enge Wendungen aus vollem Galopp beim Barrel Race

Aha!

Der Name „Gangpferd“ ist eigentlich unsinnig. Alle Pferde verfügen über Gänge, sonst würden sie nicht vorwärtskommen. Die korrekte Bezeichnung wäre Drei-, Vier- und Fünfgangpferde. Dennoch hat sich der Begriff für alle Pferde mit den zusätzlichen Gangarten Tölt und Pass eingebürgert.

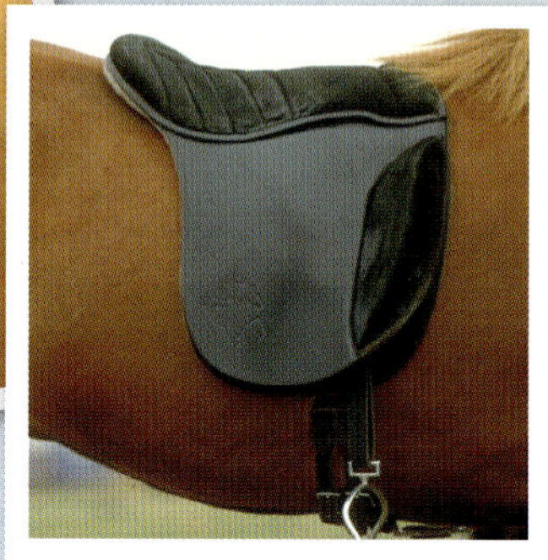

Typischer Isländersattel mit flachem Sitz und breitem Sattelblatt

Gangpferdereiten

Eigentlich ist es keine besondere Reitweise, es sind besondere Pferde, die sich in ihren Bewegungen von anderen unterscheiden. Sie können noch mehr als Schritt, Trab und Galopp. Tölt, Pass, Rack, Marcha oder Foxtrot – so heißen ihre zusätzlichen Spezialgangarten. Die Vier- und Fünfgänger stammen aus verschiedenen Ländern und werden meist ihrer Herkunft entsprechend geritten. So sieht man amerikanische Rassen wie Tennessee Walking Horse oder Missouri Foxtrotter häufig unterm Westernsattel, während Isländer im europäischen Stil mit leicht veränderten Englischsätteln geritten werden.

Ganz natürlich

Die außergewöhnlichen Gangarten sind nicht etwa angezüchtet oder antrainiert. Es gibt Pferde, denen diese Bewegungen angeboren sind. Im Mittelalter waren gangveranlagte Pferde äußerst begehrt. Für reitende Ladys im Damensitz waren Tölt und Passgang angenehmer als Schritt und Trab. Viele

Isländer

Tennessee Walking Horse

Missouri Foxtrotter

europäische Pferde verfügten über die zusätzlichen Gänge, ohne dass es spezielle Gangpferderassen gab. So gab es auch Tölter unter den spanischen und portugiesischen Pferden, die die spanischen Einwanderer nach Amerika brachten. Die späteren Großgrundbesitzer in Nord- und Südamerika schätzten diese bequeme Art zu reiten. Töltend umrundeten sie ihre riesigen Plantagen oder Estancias (Farmen), und weder Pferd noch Reiter ermüdeten. Während in Amerika gezielt Gangpferderassen gezüchtet wurden, kamen die Vier- und Fünfgänger in Europa aus der Mode und wurden mehr und mehr aus der Zucht verbannt. Das einzige in Europa verbliebene Gangpferd ist der Isländer, der die Begeisterung für die Spezialgangarten im letzten Jahrhundert wieder entfachte.

Tölt – das Maß aller Dinge

Der Tölt ist ein beschleunigter Schritt. Deutlich ist der schnelle Viertakt wie in dem Wort „Black-und-Decker" – zu hören. Die Vorderbeine zeigen viel

Rocky Mountain Horse

Mangalarga Marchador

Paso Peruano

Auch ohne Reiter töltet das Gangpferd über die Weide.

Aktion, das heißt, sie werden hoch angezogen. Vom langsameren bis hin zum Renntölt verändert sich der Takt kaum, nur der Raumgriff wird erweitert, das heißt, die Beine greifen weiter aus. Im Renntölt hält ein Isländer locker mit einem galoppierenden Pferd mit. Der eigentliche Reiz des Tölts: Er hat keine Flugphase wie Trab und Galopp, die den Reiter aus dem Sattel wirft. Ein oder zwei Beine sind immer am Boden. Dadurch bleibt der Rücken praktisch erschütterungsfrei und der Reiter wird nicht geworfen. Fast gleitet er dahin wie auf einem Motorrad.

Der Rolls Royce unter den Pferden

Tölt ist die Gangart des Isländers. Doch auch die anderen Gangpferderassen verfügen über töltähnliche Gänge, die nur andere Namen haben. Ob Rack, Single Foot oder Marcha – wer in den Sattel eines Gangpferdes steigt, läuft Gefahr, kein anderes Pferd mehr reiten zu wollen. Du hörst das gleichmäßige Klappern der Hufe unter dir, der Pferdekopf nickt im Takt dazu, die Mähne flattert. Du sitzt weich und bequem im Sattel und kommst doch schnell voran. Weil er so komfortabel ist, nennen Freunde des amerikanischen Missouri Foxtrotters ihren Liebling den „Rolls Royce" unter den Pferden. Gangpferde sind aber nicht nur bequem, sondern auch ausdauernd. Deshalb haben sie vor allem unter Wanderreitern eine große Fangemeinde.

Die wichtigsten Gangpferderassen

Rasse	Herkunft	Spezialgangarten
Isländer	Island	Tölt, Rennpass
Töltender Traber	Deutschland	Tölt, vereinzelt Rennpass
American Saddlebred	USA	Slow Gait (langsamer Tölt), Rack (schneller Tölt)
Tennessee Walking Horse	USA	Flat Walk, Running Walk (verstärkter Schritt), Canter (langsamer Viertaktgalopp)
Missouri Foxtrotter	USA	Flat Foot Walk (schneller Schritt), Foxtrot (gebrochener Trab), Canter (langsamer Viertaktgalopp)
Rocky Mountain Horse	USA	Singlefoot (verstärkter Schritt), Rack (schneller Tölt), Canter (langsamer Viertaktgalopp)
Mangalarga Marchador	Brasilien	Marcha Batida (verzögerter Tab ohne Schwebephase), Marcha Picada (Tölt)
Paso Peruano	Peru	Paso Llano (Tölt), Gateado (ruhiger, fließender Tölt), Termino (Tölt mit kraulender Vorhandaktion)

Gangpferdeprüfungen

Egal ob Isländer, Tennessee Walking Horse oder Foxtrotter – jede Gangpferderasse eignet sich für ausgedehnte Wanderritte. Auch für Turniersportler sind die Mehrgänger reizvoll, doch es bedarf langer konsequenter Arbeit, um die angeborenen Spezialgangarten zu fördern. Für jede der Gangpferderassen gibt es eigene Prüfungen, bei denen Ausdruck, taktreine Bewegungen und Einwirkung des Reiters bewertet werden.

Passend beim Turnier

Eine Spezialität der Isländer ist der Pass. Vom Takt her dem Trab identisch, bewegt sich hier das gleichseitige und nicht wie beim Trab das gegenüberliegende Beinpaar gleichzeitig. Der Pass wird bei Wettbewerben im Renntempo gezeigt. Er wird aus dem Galopp heraus geritten – der Übergang wird „legen" genannt und in Prüfungen gesondert bewertet. Im Rennpass bewegen sich die Beinpaare so flink, dass sie mit dem bloßen Auge kaum noch zu erfassen sind. Isis erreichen damit eine Geschwindigkeit von bis zu 45 Stundenkilometer. Auf Schauen und Turnieren lösen Isis im Rennpass immer tosende Begeisterung aus.

Jeder gegen jeden

Besonders reizvoll sind gemeinschaftliche Turniere, auf denen alle Gangpferderassen vertreten sind. Es gibt Prüfungen, in denen die einzelnen Rassen unter sich sind und ihre ganz charakteristischen Bewegungen abgefragt werden, darüber hinaus gibt es auch offene Prüfungsklassen. Hier müssen die verschiedenen Rassen, nur nach Klein- und Großpferden getrennt, dieselben Aufgaben bewältigen. In einer Fülle von Prüfungen werden in verschiedenen Schwierigkeitsgraden Gangarten, Sitz und Einwirkung des Reiters bewertet. Ähnlich der Westerndisziplin gibt es auch Trailprüfungen, in denen es auf Geschicklichkeit, Gelassenheit und das Überwinden von kleinen Hindernissen ankommt. Die Rittigkeitsprüfung ähnelt der klassischen Dressur. Verlangt werden unter anderem wechselnde Gangarten in Arbeitstempo, Versammlung und Verstärkung, Vor- und Hinterhandwendungen, Traversalen und Rückwärtsrichten.

Die Sieger im Isländerturnier

Isländer im Rennpass

Beim traditionellen „Landsmot" in Island treten die besten Reiter der ganzen Insel an.

Tölt und Pass kommen auch in anderen Rassen vor, wie der töltende Welsh Cob zeigt.

Distanzreiten – der Ausdauersport

Viele Freizeitreiter haben mit Springen, Dressur oder dem Westernsport nichts am Hut. Einfach in der Natur von A nach B zu reiten, das ist für sie das größte Glück. Auf stundenlangen Ausritten, Wanderritten oder Ferienreittouren verbringen sie viele Stunden im Sattel und legen ganz entspannt große Strecken zurück. In so manchem Reiter erwacht irgendwann aber auch der Ehrgeiz und die Lust, sich und sein Pferd einem Wettbewerb zu stellen. Der ideale Sport für diese Reiter ist der Distanzsport. Es geht darum, eine bestimmte Strecke in möglichst kurzer Zeit zurückzulegen. Tatsächlich ist das Langstreckenrennen eine sehr alte Reitsportart.

Bereits in vorchristlicher Zeit richteten die Perser eine Art Postsystem ein, in dem Reiter auf langen Strecken und mit häufigen Pferdewechseln Nachrichten durchs Land beförderten. Schon damals brauchte man besonders ausdauernde Pferde.

Ohne Rücksicht auf Verluste

Ende des 19. Jahrhunderts gab es die ersten Distanzrennen in Europa. Doch damals hatte man noch wenig Sinn für Tierschutz. Ohne Rücksicht auf ihre Leistungsgrenze wurden die Pferde „verheizt“, infolgedessen starben viele an Erschöpfung. Erst seit den 1960er-

Typischer Distanzsattel: leicht und doch bequem

Zur Schonung der Pferde dürfen Distanzreiter auch absteigen und ihre Pferde führen.

Gute Kondition und Geländeerfahrung sind unerlässlich.

Jahren gibt es den modernen Distanzsport, und mit der Zeit achtete man immer mehr auf die körperliche Verfassung der Pferde.

Tierschutz wird großgeschrieben

Heute gibt es strenge Regeln, die der Fairness und dem Schutz der Pferde dienen. Jedes Tier wird vor, während und nach dem Wettbewerb tierärztlich untersucht. In den sogenannten Verfassungsprüfungen werden Puls, Kreislauf und die Bewegungen kontrolliert. Der Reiter muss sein Pferd dazu an der Hand vortraben lassen. Zeigt sich die geringste Lahmheit oder übersteigt der Puls den Grenzwert, wird das Tier vom Wettkampf ausgeschlossen.

Selbst der Reiter, der als erstes die Ziellinie erreicht, kann sich seines Sieges also noch nicht sicher sein. Erst das Okay des Tierarztes bestätigt den ersten Platz.

Durch die Natur

Idealerweise führt ein Distanzritt durch möglichst abwechslungsreiches natürliches Gelände. Passagen über Asphalt oder Schotterstrecken sind meist unvermeidbar, werden aber so kurz wie möglich gehalten. Beliebt sind Wald- und Wiesen- und Feldwege. In Küstennähe bieten sich Teilstrecken am Strand an, in Bergregionen Steigungen und Gefälle. In der Regel sind die Strecken gekennzeichnet, sodass die Reiter

Kritisch prüft der Tierarzt Puls und Atmung.

Araber und Angloaraber – ideale Rassen für den Distanzsport

Fertig für die nächste Etappe

Trab – die Gangart für den Großteil der Strecke

In den Pausen wird das Pferd gekühlt, und die Hufeisen werden kontrolliert.

sich nicht verirren können. Die Veranstalter von Distanzritten müssen natürlich im Vorfeld Genehmigungen für die Strecke einholen, sodass die Teilnehmer ihren Weg unbehelligt zurücklegen können. Je nach Länge gibt es ein oder mehrere Pausen, in denen die Vet-Checks, also die Tierarztkontrollen durchgeführt werden und in denen sich die Pferde erholen können.

Angekommen ist gewonnen

Distanzritte gibt es in unterschiedlichen Klassen: vom kürzeren Einführungsritt bis zum sogenannten „Hundertmeiler", das sind circa 160 Kilometer. Üblich ist der Massenstart, das heißt, das gesamte Teilnehmerfeld geht gleichzeitig an den Start. Den meisten geht es dabei nicht um die Platzierung, sondern um den gemeinschaftlichen Ritt und das Abenteuer mit dem eigenen Pferd. „Angekommen ist gewonnen" – das ist das Motto der Distanzreiter. Für sie ist es schon ein Sieg, die Strecke innerhalb der erlaubten Zeit zu bewältigen. Dazu muss ein flottes Tempo geritten werden, meist Trab und zwischendurch sogar Galopp. Wer Schritt reitet, läuft Gefahr, die Höchstzeit zu überschreiten.

Für die Teilnahme gibt es keine Rassebeschränkung, und bei den kürzeren Strecken sieht man vom Pony bis zum Kaltblut alle Typen am Start.

Die Spezialisten

Auf großen Distanzen zeigen sich jedoch die überlegenen Rassen: Das sind vor allem Araber und Anglo-Araber. Sie sind leicht, schnell, ausdauernd, haben ein großes Lungenvolumen und ein echtes Kämpferherz. Wie olympische Athleten bekommen sie genau abgestimmte energiereiche Kost und ein ausgefeiltes Konditionstraining.

Die verschiedenen Wettbewerbe

	Eintageswettbewerbe	Mehrtageswettbewerbe (pro Tag)
Einführungsritte	25–40 km	25–35 km
Kurze Distanzritte	41–60 km	36–50 km
Mittlere Distanzritte	61–80 km	51–60 km
Lange Distanzritte	Ab 81 km	ab 61 km

So fängt es an: Aus Ausritten werden Wanderritte, aus Wanderritten Distanzritte.

Gemeinsam zum Sieg

Für Distanzreiter gibt es keine strengen Vorschriften bezüglich Kleidung und Ausrüstung. Sättel müssen nur verkehrssicher sein, die Zäumung darf das Pferd nicht in der Atmung behindern.

Sicher und praktisch

Der Reiter muss einen Helm tragen, ansonsten kann er Kleidung und Schuhwerk selbst wählen. Sinnvoll ist ein leichter, bequemer Sattel und dem Wetter angepasste Kleidung. Der Stil ist nicht so wichtig wie die Zweckmäßigkeit. Hose, Hemd und Schuhe sollten nicht zwicken oder zwängen, denn der Ritt dauert Stunden und nicht wie eine Dressurvorführung wenige Minuten.

Ziel

Aha!

Die Langstreckenwettbewerbe gibt es nicht nur für Reiter, sondern auch für Fahrer. Dieselben Distanzen werden dann ein- oder zweispännig zurückgelegt. Regeln und tierärztliche Kontrollen entsprechen größtenteils denen der Reiter.

Ein Pferd, das beim Vortraben lahmt, wird vom Wettbewerb ausgeschlossen.

Klassisch-barockes Reiten

Während die modernen Sportpferde einen langen Rücken haben und durch ihre schwungvollen, raumgreifenden Gänge bestechen, ist das Barockpferd eher quadratisch gebaut. Seine Bewegungen gehen eher nach oben als nach vorn, daher liegen ihm Lektionen wie Piaffe und Passage und die schwierigen Lektionen über der Erde im Blut. Zu den Barockpferden zählen Pferde mit viel Aufrichtung und kräftigem Körperbau. Vater aller Barockpferde ist das iberische Pferd – also Andalusier und Lusitano. Seine stolze Haltung, die feurigen Augen, die Intelligenz und die eleganten Bewegungen verleihen ihm eine besondere Ausstrahlung, die allen ihm verwandten Barockrassen eigen ist. Dazu gehören Friese, Lipizzaner, aber auch Knabstrupper und Berber.

Levade, Kapriole, Courbette – das sind die sogenannten Übungen über der Erde aus der Hohen Schule der klassischen Dressur. Das Pferd erhebt sich mit der Vorhand oder Hinterhand oder sogar mit dem ganzen Körper in die Luft. Einem Pferd diese Figuren beizubringen erfordert viel Zeit, Wissen und Erfahrung. Und ein Pferd, das diese Bewegungen anbietet – am besten ein Barockpferd.

Warum Barock?

Das Zeitalter des Barock währte von Ende des 16. bis Mitte des 18. Jahrhunderts. Damals dienten Pferde im Kriegseinsatz aber auch in Paraden. Die Dressur von damals hatte keine sportlichen Ziele, sie diente gymnastischen Zwecken. Zu den Aufgaben eines Kriegspferdes gehörten die spektakulären Lektionen über der Erde. Diese waren im Nahkampf von entscheidendem Vorteil: Pferde mussten sich auf

Die Barockpferde:

Andalusier: Vater der Barockpferde

Lusitano: stolzer Portugiese

Berber: enger Verwandter von Lusitano und Andalusier

Barocke Freunde

Aha!

Die Bezeichnungen klassische, barocke und iberische Reitweise bezeichnen sehr ähnliche Reit- und Ausbildungsmethoden mit demselben Ursprung, der Kriegskunst. Die iberische Reitweise ist zudem noch stark vom Einsatz im Stierkampf geprägt.

der Stelle drehen, steigen und auskeilen, um sich im Gefecht Raum zu verschaffen. Lebenswichtig war die völlige Übereinstimmung von Reiter und Pferd. Gefragt waren kompakte Pferde mit Mut und Temperament, sensibel genug, um die leisesten Hilfen des Reiters zu verstehen, nervenstark genug, um auch im größten Tumult Ruhe zu bewahren.

Vom Krieg zur Kunst

In der späteren Barockzeit verlor der berittene Nahkampf an Bedeutung. Die Dressur blieb erhalten und wurde zur reinen Kunstform kultiviert. Das Pferd war von nun an Statussymbol der Adeligen. Schönheit, Temperament und Ausstrahlung waren von Bedeutung und mit den schwierigen Dressurlektionen stellten Fürsten und Grafen ihre Reitkünste unter Beweis. Ein großer Reitmeister am französischen Hof war François Robichon de la Guérinière. Er betrachtete die Ausbildung eines Pferdes als Vervollkommnung der Natur und sein Ziel war es, durch Gymnastizierung die seelische und körperliche Gesundheit der Pferde zu fördern. Guérinière gilt als Begründer der klassisch-barocken Reitweise und seine 1733 verfasste Reitlehre hat noch heute Gültigkeit. Er verlangte, dass die Gefühle und Bedürfnisse der Pferde berücksichtigt werden und dass jedes Pferd entsprechend seiner Talente und Fähigkeiten ohne Zwang und Gewalt ausgebildet wird.

Friese: die schwarzen Perlen

Knabstrupper: Barockpferd mit Tupfen

Lipizzaner: berühmte Schimmel der Spanischen Hofreitschule

Typische Lektionen der klassisch-barocken Reiterei:

Spanischer Schritt: Typische Lektion aus der Kriegsführung. Das Pferd greift mit der Vorhand weit nach vorn-oben aus.

Barockpferde lernen ihre Lektionen auch vom Boden aus.

Levade: Das Pferd „setzt" sich auf die Hinterhand und hebt die Vorderbeine, wobei der Körper sich nicht aufrichtet.

Der Unterschied

Die klassisch-barocke Dressur und die moderne sportliche Dressurreiterei haben eine ähnliche Einwirkung, und doch gibt es Unterschiede. Ähnlich wie beim Westernreiten werden beim Barockreiten impulsartige Hilfen gegeben.
Das heißt, der Schenkel liegt nicht unentwegt treibend am Pferdekörper an, sondern gibt nur durch kurzen Druck das Kommando zur nächsten Aktion. Ansonsten hängt das Bein lang und locker am Pferd herab. Auch die Verbindung zwischen Reiterhand und Pferdemaul soll fein und leicht sein. Der Reiter soll nicht mehr als das Gewicht des Zügels in Händen halten. Richtige Könner reiten gar einhändig auf Kandare ohne Unterlegtrense – dies ermöglicht allerfeinste Signale, erfordert jedoch eine hochsensible Reiterhand. In der Ausbildung der Pferde gibt es deutliche Unterschiede. Während in der sportlichen Dressur alle drei Grundgangarten am Anfang der Ausbildung stehen, beginnt die Barockreiterei mit Schritt, Trab und Seitengängen. Daraus lernen die Pferde die Piaffe und Passage, und erst wenn ein Pferd diese Lektionen gut ausbalanciert und spielend beherrscht, wird mit der Galopparbeit begonnen. Ausbilder von Barockpferden lassen sich und dem Pferd so viel Zeit wie nötig. Die gesamte Reitausbildung wird durch viel Bodenarbeit ergänzt.

Pesade: Der Friese steigt – sogar mit seiner Reiterin im Damensitz

Kapriole: Das Pferd steigt, dann schlägt es mit den Hinterbeinen aus und scheint für einen Moment in der Luft zu liegen.

Piaffe: der Trab auf der Stelle gehört zur Grundausbildung der Barockpferde.

Typischer Barockpferdesattel

Wenn Barockpferde gegen Warmblutpferde in einer Dressurprüfung antreten, haben sie oft das Nachsehen, da in der üblichen Dressur Schwung und Raumgriff der Bewegungen bewertet wird. Gangarten wie starker Trab und starker Galopp liegen den Barockpferden weniger als den Sportpferden. Lektionen, in denen sie punkten könnten, wie Levade, Kapriole oder Courbette, sind in der Dressurprüfung nicht gefragt.

Unter sich

Es gibt spezielle Barockturniere, die auf die Stärken dieser Pferde abgestimmt sind und auf denen nur Barockrassen zugelassen sind. Bei manchen Veranstaltungen kleiden sich die Reiter in barocken Kostümen und reiten ihre Pferde mit verzierten Kopfstücken, Barocksätteln und passenden Schabracken. Schwarz glänzende Friesen, prachtvoll geschmückte Andalusier oder fein herausgeputzte Knabstrupper und ihre stilvoll gekleideten Reiter verleihen einem solchen Wettbewerb den Glanz einer historischen Pferdeschau. Zuschauer lassen sich von der majestätischen Anmut der Teilnehmer verzaubern, die vor allem Freude an feinster Reitkunst zum Ausdruck bringen.

Zum Laufen geboren: das Englische Vollblut

Rennen – die Nase im Wind

Pferde sind Lauftiere. Auf der Flucht vor Feinden rettet ihnen ihre Schnelligkeit das Leben. Kraftvoll setzen sie die Hinterhand unter den Körper und schnellen Sprung für Sprung nach vorn. Es ist ein schöner Anblick und ein tolles Gefühl, auf einem Pferd zu reiten, das im Höchsttempo vorwärts prescht. Seit Menschen auf Pferden reiten, suchen sie dieses Hochgefühl – verbunden mit dem Willen schneller zu sein als die anderen. Pferderennen gibt es daher vermutlich schon so lange wie Menschen auf Pferden reiten. Sie dienen jedoch nicht nur dem Vergnügen und dem Ehrgeiz des Reiters, über Jahrhunderte waren sie auch wichtigste Zuchtauslese. Nur wirklich harte, kerngesunde, leistungsbereite und leistungsfähige Pferde waren Sieger und wurden zur Fortpflanzung zugelassen. Beim Englischen Vollblut ist das immer noch so: Sie müssen Erfolge auf der Rennbahn vorweisen, nur dann dürfen sie in die Zucht. Durch diese harte Auslese sind Vollblüter heute die schnellsten Pferde der Welt und erreichen eine Höchstgeschwindigkeit von bis zu 70 Stundenkilometern.

Die Rennpferde preschen aus der Startbox.

Wie alles begann

Der organisierte Rennsport hat seinen Urspung in England, wo nachweislich schon im 14. Jahrhundert Galopprennen durchgeführt wurden. Zunächst wurden Araber eingesetzt, die in Gruppen gegeneinander antraten. Schon damals durften Zuschauer Wetten abschließen und so mit ihrem Favoriten mitgewinnen – oder mitverlieren. Es ging um viel Geld, und so legte man immer mehr Wert auf die Zucht immer schnellerer Pferde. Drei orientalische Hengste wurden im 18. Jahrhundert die Begründer der Vollblutzucht, und das Englische Vollblut, das größer als der Araber ist, wurde weltweit zum besten Rennpferd. Heute werden Vollblüter in der ganzen Welt gezüchtet, und mit der Rasse hat sich auch der Galopprennsport über die ganze Welt verbreitet.

Aha!

Auch für einige andere Rassen gibt es Galopprennen. Zum Beispiel für Quarter Horses, Paint Horses und Araber sowie Ponyrassen. Ein großer Spaß sind sogenannte Bauernrennen, bei denen Amateurreiter mit Pferden aller Rassen antreten dürfen.

Rennpferde treten in verschiedenen Altersklassen und auf unterschiedlichen Distanzen von 800 bis 4200 Metern an. Sie werden von Jockeys geritten, die klein und leicht sein müssen. Die Steigbügel werden kurz geschnallt, und die Jockeys stehen darin hoch über dem Pferderücken, um diesen bestmöglich zu entlasten. Sie tragen bunte Trikots in den Farben ihres Rennstalls, damit sind sie von der Tribüne aus gut erkennbar.

Wetten und Mitfiebern

Vor dem Rennen werden die Pferde den Zuschauern vorgeführt, damit sie sich ein Bild von Form und Qualität der Starter machen und entsprechende Wetten abschließen können. Dann geht es in die Startbox, und wenn alle Pferde bereit sind, werden die Tore geöffnet und die Galopper schießen davon.

Das Mitfiebern im Rennen und schließlich auf der Zielgeraden ist besonders spannend, denn es geht auch um den eigenen Einsatz. Hat ein Zuschauer auf einen siegreichen Außenseiter gesetzt, kann er ein Vielfaches seines Einsatzes zurückbekommen.

Ganz schön auf Trab

Neben dem Galopprennsport gibt es auch Trabrennen. Wie der Name schon sagt, darf hier nur getrabt werden. Galopp ist sogar strikt untersagt und führt zum sofortigen Ausschluss. Es sind speziell gezüchtete Traber, die einen einachsigen Wagen, den Sulky ziehen. Mit nur 30 Kilogramm ist dieses Wägelchen ultraleicht, und auch der Fahrer sollte wie sein reitender Kollege ein Fliegengewicht sein. Im Renntempo erreichen die Gespanne eine stattliche Geschwindigkeit von 50 Stundenkilometern.

Nur ein Stückchen Leder: der Rennsattel

Jockeys in den Farben ihres Stalls

Galoppieren verboten: Trabrennen mit Sulky

Fahrsport – geballte Horsepower

Fast alles, was im Sattel möglich ist, ist auch auf dem Kutschbock machbar. Dressur, Distanz, Rennen und sogar einen Hindernisparcours bewältigen. Und natürlich kann man dabei Spaß haben. Kutschfahren eignet sich für Familien, in denen nicht alle Reiter sind oder für Pferdefreunde mit Rücken-, Hüft- oder Knieproblemen, die aus gesundheitlichen Gründen nicht reiten können. Oder einfach für alle, die sich fürs Fahren mehr begeistern als fürs Reiten. Kutschen und Wagen gibt es in allen erdenklichen Größen und Formen, und obwohl manche Pferderasse speziell fürs Fahren gezüchtet wurde, kann grundsätzlich jedes Pferd dafür ausgebildet werden. Fahren belastet den Pferderücken weniger als Reiten, jedoch sollten Kutschpferde nervenstark und verlässlich sein, denn die Verbindung zum Menschen besteht nur über Stimme und Leinen, wie die langen Zügel beim Fahren genannt werden.

Nach ihrer Domestikation vor ungefähr 4500 Jahren dienten Pferde zunächst nur als Fleischlieferant, dann nutzten Menschen die Pferdestärken zum Tragen und Ziehen ihrer Lasten. Erst danach schwangen sich die ersten Vorreiter auf den Rücken der Pferde.

Reisekutschen und Sportwagen

Schnell fanden die Menschen Gefallen am Fahren und so entwickelte sich neben dem Lasten- und Personentransport auch die Lust am sportlichen Wettkampf mit den Pferden. In den antiken Hochkulturen Griechenlands und Roms wurde das Reiten und Fahren perfektioniert. Berühmt sind die mörderischen Wagenrennen, bei denen vier Pferde nebeneinander in Quadriga-Anspannung einen Streitwagen ziehen, in dem der Wagenlenker stehend die Leinen hält. In Europa war das 18. und 19. Jahr-

Disziplin	Ort der Prüfung	Aufgaben / Wertung
Dressurfahren	Fahrviereck	Bahnfiguren, Gangarten (vorwiegend Schritt und Trab) in Arbeitstempo und Verstärkung. Bewertet werden Stil der Kutsche und Ausrüstung sowie die Harmonie des Gespanns.
Hindernisfahren oder Kegelfahren	Parcours mit Kegelpaaren	Durchfahren einer vorgegebenen Strecke durch bis zu 20 Kegelpaare. Diese dürfen nicht berührt oder umgestoßen werden. Fehlerfreiheit in der besten Zeit gewinnt.
Geländefahren oder Marathon	Geländestrecke	15 bis 18 km lange Geländestrecke mit natürlichen Hindernissen wie Brücken, Bachläufen, engen Kurven. Es kommt auf Schnelligkeit, Ausdauer und Geschick an.

hundert das Zeitalter der Kutschen und Karossen. Wie heute das Auto waren Pferd und Wagen ein Statussymbol, zu dem auch der bedienstete Kutscher gehörte. Vorrangig besaß der Adelsstand für jeden Zweck den passenden fahrbaren Untersatz: einen Jagdwagen für die Landpartie, ein Coupé für die Stadt, einen Landauer für längere Reisen. Je nach Zweck gab es große, kleine, leichte und schwere Modelle. Die ersten Sportwagen waren die leichten wendigen Gigs mit einer Achse und zwei Rädern, die einspännig gefahren werden.

Leichtgewichte: Pony vor einer Gig

Fahren als Sport

Ein Rückschlag für das Gespannfahren war die Erfindung des Automobils. Plötzlich fuhren die Kutschen auch ohne Zugpferde und die Gespanne kamen aus der Mode. Als Sport blieb das Kutschfahren bestehen, wenn auch nur für wenige Enthusiasten. Erst in den 1970-er Jahren und mit der ersten Weltmeisterschaft 1972 erlebte der Fahrsport eine neue Blütezeit. Heute gib es Wettbewerbe für Ein-, Zwei- oder Vierspänner, die nochmals für Großpferde und Ponys unterteilt sind. Ähnlich wie beim Reiten treten die Gespanne im Dressur-, Gelände- und Hindernisfahren gegeneinander an. Diese Disziplinen werden einzeln oder auch als Kombination gewertet.

Schwergewichte: römischer Kampfwagen mit vier Friesen

Die besten Pferdestärken

Beim Ziehen von Wagen kommt es mehr auf Kraft als auf Schnelligkeit an. Hals, Brust und Schultern

Nichts für Wasserscheue: die Geländestrecke in der Fahrprüfung

Voll Speed flitzt der Ponyvierspänner durch den Parcours.

Beim Hindernisfahren zählt die Genauigkeit.

Fahrspaß im Winter: ein sportlicher Pferdeschlitten

sind über das Geschirr mit der Kutsche verbunden und stemmen zusammen mit der Schubkraft der Hinterhand das Gewicht nach vorn. Das ideale Zugpferd ist also eher frontlastig mit starkem, hoch aufgesetztem Hals, breiten Schultern und muskulöser Brust. Die Rückenmuskulatur und die Ausprägung des Widerrists, die beim Reiten so wichtig sind, spielen hier eine eher untergeordnete Rolle. Dementsprechend eignen sich Rassen wie Friese, Tinker, schweres Warmblut und Haflinger besonders gut zum Fahren. Aber auch andere Barockrassen wie Andalusier, Lipizzaner und Lusitano sind vorzügliche Gespannpferde. Die Kaltblutrassen wurden ursprünglich zum Ziehen schwerer Lasten gezüchtet und werden auch heute noch vor schwere Gefährte, wie zum Beispiel Brauereiwagen, gespannt. Im wettkampfmäßigen Fahrsport sind sie aber zu langsam. Hier sind Warmblutpferde überragend, die Kraft und Geschick mit Schnelligkeit und Ausdauer verbinden. In

Alle Hände voll zu tun hat der Kutscher des Zehnspänners.

Sind zwei Pferde hintereinander gespannt, nennt man das Tandemanspannung.

Ponykutsche im Gelände

engen Wendungen sind quirlige Ponygespanne ihren großen Brüdern oft sogar eine Nasenlänge voraus.

Teurer Spaß

Einen Nachteil hat das Fahren: Es ist deutlich teurer und zeitaufwendiger als das Reiten. Denn meist ist es mit einem Pferd nicht getan, und die Fahrpferde benötigen jedes ein gutes Geschirr, das mindestens so teuer wie ein guter Sattel ist. Dazu kommt die Kutsche, die schnell mit ein paar tausend Euro zu Buche schlägt. Um zweispännig zu fahren, benötigt man auch immer mindestens einen Beifahrer, beim Vierspänner sogar zwei. Das ist Vorschrift. Die Aufgabe der Beifahrer ist es, beim Einsteigen behilflich zu sein, Ösen und Stränge in Ordnung zu halten und bei Problemen abzusteigen und nach dem Rechten zu sehen. Der Kutscher verlässt den Kutschbock erst nach Ende der Fahrt.
Ein Vorteil des Fahrens: Es gibt leichte Wagen, auf denen vier und mehr Personen Platz haben. So ist mit einem oder zwei Pferden und der entsprechenden Kutsche ein richtiger Familienausflug möglich.

Aha!

Die gängigsten Anspannungen sind das Kummet für schwere Lasten im ruhigen Tempo und das Brustblattgeschirr, das leichter ist und dem Pferd mehr Bewegungsspielraum lässt. Das Kummet (Bild 1) ist ein gepolsterter Ring, der dem Pferd um den Hals gelegt wird. Die Zuglast wird auf Brust und Schultern verteilt. Beim Brustblatt (Bild 2) überträgt ein 8 bis 10 Zentimeter breiter Ledergurt die Zuglast auf die Brust des Pferdes.

1

2

Voltigieren – Turnen hoch zu Ross

Fast wie fliegen

Der Voltigurt mit großen Haltegriffen

Die Longenführerin treibt das Pferd an.

Hilfestellung beim Aufsprung

Wer auf einem Pferd knien, stehen und sogar turnen kann, der muss einen guten Gleichgewichtssinn haben, erst recht, wenn das Pferd unter ihm auch noch galoppiert. Beim Voltigieren lernen Kinder ganz spielerisch, sich den Bewegungen des Pferdes anzupassen. Die Gymnastik auf dem Pferd ist daher der ideale Einstieg in den Reitsport. Der Begriff Voltigieren ist abgeleitet von „La Volte", dem französischen Wort für eine schnelle Drehung.

In der Geschichte waren Auf- und Abspringen und waghalsige Gleichgewichtsübungen auf dem Pferd Teil der Kriegsausbildung. Je geschickter und beweglicher ein Reiter war, desto besser konnte er feindlichen Angriffen ausweichen und andererseits selbst angreifen. Alle berittenen Völker trainierten diese nützlichen Übungen, von den Römern, Griechen, Hunnen und Germanen bis hin zu Mongolen und Indianern. Im 15. und 16. Jahrhundert wurde diese Akrobatik zur Kunst und zum Sport verfeinert. Besonders bei Hofe schätzte man die anmutige Gymnastik in Verbindung mit einem eleganten Pferd.

Früh übt sich

Was Krieger, Indianer und Akrobaten konnten, können heute schon kleine Steppkes. In Gruppen verschiedener Altersklassen lernen Fünf- und Sechsjährige aufs Pferd zu klettern und auf dem großen Tier zu turnen. Meist steht für die ersten Versuche ein Holzpferd zur Verfügung, an dem Kinder ihre Übungen angstfrei ausprobieren können. Auch auf dem lebenden Pferd können die kleinen Turner sich ganz auf den eigenen Körper, das Gleichgewicht und die Bewegungen des Pferdes konzentrieren. Das Steuern übernimmt der Longenführer, der das Pferd auf einem Zirkel um sich herumlaufen lässt und außerdem die Voltistunde leitet. Er lässt das Pferd Schritt gehen, bis die kleinen Voltigierer sich sicher fühlen. Trab fällt aus, da die Turnübungen im schnellen Trabrhythmus nicht gut ausgeführt werden können. Man wird einfach zu sehr durchgeschüttelt. Viel angenehmer ist ein ruhiger Galopp, in dem die Voltigierer sich gut ausbalancieren können.

Die richtige Ausrüstung

Für das Voltipferd gibt es eine spezielle Ausrüstung, die den Kindern viel Halt bietet und gleichzeitig das Pferd schützt, wenn auf ihm geturnt wird. Zunächst kommt eine dick gepolsterte Auflage, das Pad auf seinen Rücken. Darüber wird ein breiter Gurt mit Haltegriffen und Ösen geschnallt. Gezäumt wird das Pferd mit einer normalen Wassertrense, oft mit einem schicken weißen Kopfstück. Ausbindezügel sorgen dafür, dass es in der gewünschten Haltung bleibt, in der sein Galopp rund und gleichmäßig ist. Die Voltigierer brauchen viel Bewegungsfreiheit und tragen daher leichte Sportkleidung. Reitstiefel wären da gänzlich ungeeignet. An die Füße kommen Gymnastikschuhe aus weichem Leder mit Gummisohle. Die ist für das Pferd angenehm und gibt dem Fuß genug Halt und Gefühl, um auf dem Pad zu

Gymnastik und Stretching am Boden sind eine gute Vorbereitung fürs Voltigieren.

Die wichtigsten Übungen

Aufsprung

Im Galopptakt innen mitlaufen, Griffe des Voltigiergurtes greifen und mit dem Schwung aus dem Laufen hochziehen und in den Grundsitz kommen.

Grundsitz

Gerade und aufrecht dicht hinter dem Voltigurt auf dem Pferd sitzen, Beine lang, Fußspitzen nach unten, Arme seitlich ausgestreckt.

Quersitz

Beine auf einer Seite herunterhängen lassen, eine Hand greift den Voltigriff, die andere wird ausgestreckt.

Knien und Stehen

Kniestand auf dem Pferd,
Arme seitlich ausstrecken
Stehen auf dem Pad,
Arme seitlich ausstrecken.

Mühle

Die Mühle ist eine Übung in vier Schritten. Aus dem Grundsitz das rechte Bein in die Luft strecken. Den Körper nach links drehen, das Bein geht hinunter zum Quersitz. Das linke Bein hochziehen. Auf eine weitere Vierteldrehung des Körpers folgt der Rückwärtssitz. Erneut das rechte Bein hochstrecken, Drehung zum Quersitz nach rechts. Das linke Bein über den Pferdehals wieder auf die linke Seite und zurück in den Grundsitz führen. Die Hände müssen beim Herüberschwingen der Beine kurz die Griffe loslassen und umgreifen.

Voltigieren heißt Vertrauen.

stehen. Dazu passen elastische Leggins und ein eng anliegendes T-Shirt, mit dem man nirgends hängen bleibt.

Hauptsache Verlasspferd

Grundsätzlich eignet sich jede Rasse ab einer bestimmten Größe zum Voltigieren. Es muss nur ein absolutes Verlasspferd sein. Da Voltigierer oft zu mehreren gleichzeitig auf ihm turnen, sollte es einen eher langen Rücken haben. Wichtig sind ruhige, gleichmäßige Gänge und absolute Nervenstärke. Ein Voltipferd muss hundertprozent scheufrei sein und soll überhaupt ein guter und rücksichtsvoller Kumpel sein, der still steht, wenn ihm eine Horde Mädchen um die Beine schwirrt. Denn auch der Umgang, das Putzen und Anlegen der Ausrüstung gehört für die Kinder mit dazu. Natürlich kann man auch auf kleinen Ponys voltigieren. Ihre Galoppsprünge sind allerdings viel kürzer und schneller und daher schwieriger auszubalancieren. Für Gruppenvoltigieren sind sie außerdem zu klein. Oft sieht man beim Voltigieren große Warmblutpferde mit einem Stockmaß von über 1,60 Metern. Dank der Haltegriffe am Voltigurt können sich dennoch auch kleinere Kinder an dem großen Vierbeiner hinaufhangeln.

Spaß und Teamgeist

Voltikinder lernen nicht nur den Umgang mit dem Pferd, sondern auch Teamgeist und Hilfsbereitschaft. In der Gruppe von acht bis zwölf Turnern gibt es kein Drängeln und Schubsen – jeder wartet, bis er an der Reihe ist. Die übrigen haben Spaß beim Zuschauen. Die Älteren in der Gruppe haben meist schon mehr Erfahrung und geben den Kleinen bei schwierigen Übungen Hilfestellung. Gruppenübungen sind nur

Doppelvoltigierer im Turniertrikot

möglich, wenn jeder genau seine Aufgabe erfüllt und Rücksicht auf die anderen nimmt. So fördert das Voltigieren den Gemeinschaftssinn, das Vertrauen, Selbstbewusstsein, Körpergefühl, den Teamgeist und die Verantwortung. Auch die Fitness wird trainiert, denn das Turnen verlangt eine Menge Kraft, Ausdauer und Gleichgewichtssinn. Zur optimalen Vorbereitung dienen Aufwärmübungen am Boden. Durch Laufen, Springen und Dehnen bereitet man die Muskulatur aufs Voltigieren vor.

Wahre Meister

Neben den Grundübungen gibt es eine ganze Reihe weiterer Figuren, die zu einer Vorführung zusammengesetzt werden können. Fortgeschrittene Voltigierer zeigen ihr Können bei Turnieren, die ähnlich wie Springen und Dressur nach Leistungsklassen unterteilt sind: A (Anfänger), L (Leicht), M (Mittelschwer) und S (Schwer). Es gibt Einzel-, Doppel- und Gruppenvoltigierer, die wiederum Pflicht- und Küraufgaben zeigen. Die Meister zeigen artistische Höchstleistungen, bei denen sie die Schwerkraft zu überwinden scheinen. Man sieht sie auf dem Pferd in die Luft springen, Salto schlagen und sie beherrschen Kopf- und Schulterstand. Besonders reizvoll sind die Gruppenvorführungen. Die Voltigierer sitzen, knien und stehen übereinander, nebeneinander und richtiggehend ineinander verschachtelt.
Die Leichtigkeit und Harmonie sind das Ergebnis von jahrelangem fleißigen Training. Bewertet werden die korrekte Ausführung, der Schwierigkeitsgrad, der Gesamteindruck und auch die Arbeit von Pferd und Longenführer. Jeder Einzelne hat seinen Beitrag geleistet, wenn es am Ende einen Pokal für das Team gibt.

Ein Dankeschön an das brave Pferd

Liegestütz

Die Hände halten die Voltigriffe, die Füße stützen sich auf die Kruppe. Der Körper liegt schräg, aber in gerader Linie.

Fahne

Ein Bein kniet auf dem Pferd, das andere wird gerade nach hinten ausgestreckt. Die Arme halten die Griffe. Etwas schwieriger ist die Fahne, wenn gleichzeitig der gegenüberliegende Arm nach vorn ausgestreckt wird, also linkes Bein und rechter Arm.

Flanke

Vom Grundsitz die Beine mit viel Schwung nach hinten in die Luft schwingen. Dann geschlossen zu einer Seite führen und zum Quersitz nach innen kommen. Dann erneut Schwung holen, die Beine über die Kruppe werfen, den Körper nach außen abdrücken und die Griffe loslassen. Federnd neben dem Pferd landen und noch ein paar Schritte mitlaufen.

Schere

Aus dem Grundsitz Schwung holen und die Beine nach hinten in die Luft strecken. In der Luft Beine kreuzen und rückwärts auf dem Pferd zum Sitzen kommen. Die Hände greifen um. Dann umgekehrt, die Beine nach vorn in die Luft schwingen, überkreuzen und den Körper wieder in Vorwärtsrichtung drehen. Zurück im Grundsitz einsitzen.

Reiterspiele, Spaßturniere

Neben den vorgestellten Pferdesportarten gibt es noch viele Möglichkeiten, mit dem Pferd Spaß zu haben. Im Breitensport werden verschiedene Spiele und Wettbewerbe zusammengefasst, die frei von Leistungs- oder Erfolgsdruck sein sollten. Der Fantasie sind keine Grenzen gesetzt, und für die Regeln gilt: so wenig wie möglich und so viel wie nötig. Das heißt, die Sicherheit von Pferd und Reiter und der Tierschutz müssen berücksichtigt werden und auch Fairness sollte selbstverständlich sein. Bestimmungen über Rassen, Kleider und Ausrüstung gibt es für gewöhnlich nicht. Hier einige Beispiele von Spielen und Wettbewerben zum Nachmachen oder Anschauen.

Bleibt das Pferd nicht ruhig stehen, geht das Wasser daneben.

Freizeitturnier

Manche nennen es auch Spaßturnier, denn die Freude an der Teilnahme ist viel wichtiger als Sieg und Platzierung. Dennoch ist es wichtig, ein gut trainiertes Pferd zu haben, mit dem man zurechtkommt. Es geht durch einen Parcours mit Geschicklichkeitsübungen. Zum Beispiel zwischen zwei Podesten stehen und eine Gießkanne voll Wasser von einem Podest aufnehmen und das Wasser in einen Eimer gießen, der auf dem anderen Podest steht. Oder mit dem Pferd über eine Plane gehen, die mit Luftballons bestückt ist. Oder flüssig im Schritt über eine Wippe gehen. Oder von rechts aufsteigen, oder, oder, oder ... Es gibt zahllose Möglichkeiten, sein Geschick im Sattel unter Beweis zu stellen.

Es geht über eine mit Luftballons bestückte Plane.

Beim Dreibein-Rennen haben zwei Reiter je ein Bein im Sack und führen ihre Ponys.

Staffelrennen: Stabübergabe an der Ziellinie

Mounted Games

Rasant und mitreißend sind die Mounted Games, die „berittenen Spiele" aus England. Jugendliche Teams treten auf temperamentvollen Ponys gegeneinander an. Bei den Spielen kommt es auf Schnelligkeit und Geschick an. Die Reiter müssen sich zum Teil weit aus dem Sattel lehnen, im Galopp auf- und abspringen, Gegenstände versetzen, Bälle werfen, Luftballons zerstechen, Slalom reiten und vieles mehr. Meist müssen bis zu sechs Reiter eines Teams im Staffelrennen nacheinander zu jedem Spiel antreten. Je schneller der erste Reiter zurück ist, desto früher startet die Nummer Zwei. So kann ein Team Zeit gegenüber den Konkurrenten gewinnen. Die Ponys sind dabei genauso aufgeregt wie ihre Reiter. Angefeuert vom Jubel der Fans flitzen sie durch die Bahn und geben alles, um schnell ins Ziel zu kommen.

Gelassenheitsprüfung

Wesentlich ruhiger ist die Gelassenheitsprüfung, kurz GHP, in der es um Gehorsam, Vertrauen und Nervenstärke des Pferdes geht. Verschiedene Aufgaben müssen bewältigt werden, bei denen das Pferd geritten oder geführt werden kann. Die Aufgaben sind alltäglichen Situationen nachempfunden, die Pferd und Reiter beim Ausritt antreffen können. In der GHP müssen Pferd und Reiter zum Beispiel über eine Plastikplane gehen, durch einen Vorhang aus flatternden Plastikbändern hindurchschreiten oder an einer Person vorbei, die einen Regenschirm aufspannt. Das Pferd darf nicht scheuen und soll flüssig vorwärtsgehen. Damit beweist es seine gute Erziehung und sein Vertrauen zum Reiter.

Pony Karisma geht furchtlos über die raschelnde Plane.

Cool bleiben – auch wenn der Regenschirm aufspringt!

Fantasievolle Hürden stehen auf der Geländestrecke.

Trec

Ein Sport, bei dem Reiter und Pferde absolut geländesicher und äußerst vielseitig sein müssen, ist das Trec-Reiten. Der Sport kommt aus Frankreich und heißt ausgeschrieben „Techniques de Randonnée Équestre de Compétiton", was soviel bedeutet wie wettbewerbsmäßiges Wanderreiten. Der Trec-Wettbewerb besteht aus drei Teilen: Einem Orientierungsritt, bei dem die Reiter eine bestimmte Strecke reiten müssen, die nicht ausgeschildert ist. Sie haben Kompass und Wanderkarte dabei, mit denen sie sich orientieren können. Eine Idealzeit ist vorgegeben, der sie so nah wie möglich kommen sollen. An mehreren Kontrollpunkten auf der Strecke können sie ihre Zeit überprüfen, außerdem wird der Gesundheitszustand der Pferde kontrolliert.
Am nächsten Tag folgt die Geländestrecke mit natürlichen und künstlichen Hindernissen, zum Beispiel Baumstämme, Brücken, Gräben, Wasserdurchquerungen. Den dritten und letzten Teil bildet die sogenannte Gangartenprüfung. Hier müssen Pferd und Reiter einen schnellen Schritt und einen langsamen Galopp zeigen. Trec-Ritte gibt es in verschiedenen Schwierigkeitsgraden. Sie erfordern Ausdauer, Kraft und großes Vertrauen zwischen Reiter und Pferd.

Unterwegs mit Karte und Kompass

Polo

Beim Polo treten zwei Mannschaften mit je vier Spielern an. Sie bemühen sich, einen kleinen Ball mit einem Holzschläger ins gegnerische Tor zu schlagen. Der Sport war schon vor zweieinhalbtausend Jahren in Persien bekannt und verbreitete sich über ganz Asien bis nach China. Die Tibeter benannten das Spie „Pulu" – was übersetzt einfach „Ball" heißt. Erst im 19. Jahrhundert wurde Polo in England und Amerika bekannt. Argentinien entwickelte sich neben Englanc zum führenden Polo-Land. Hier wurden aus Englischem Vollblut und argentinischem Criollo spezielle Poloponys gezüchtet. Mit der Schnelligkeit des Vollbluts und der Robustheit und Wendigkeit des Criollos sind sie im Polosport unschlagbar.
Die Anforderungen sind hoch, und jeder Spieler benötigt mindestens zwei Pferde pro Spiel, die zwischen den Spielabschnitten, „Chukkas" genannt, gewechselt werden. Pferde und Reiter sind mit Helm, Bandagen und Polstern gegen Rempeleien und Hiebe der Holzschläger geschützt.

Polopferde müssen schnell und wendig sein.

Horse Ball

Man könnte es Basketball für Reiter nennen, denn zwei Mannschaften rangeln um einen Ball, den sie in den gegnerischen Korb werfen müssen. Eine Mannschaft besteht aus vier Reitern, dazu kommen zwei Auswechselspieler. Der Ball hat ringsherum Lederschlaufen, sodass die Reiter ihn mit einer Hand greifen können. Es geht ganz schön ruppig zu, denn die Spieler dürfen sich gegenseitig bedrängen und sich den Ball abjagen. Liegt der Ball auf dem Boden, so soll er aus dem Galopp aufgehoben werden. Die Spieler müssen also ausgezeichnete Reiter sein, die Pferde wendig, schnell und nervenstark.

Gerangel um den Ball

Horse Ball – ein Mannschaftsspiel für Reiter

Jagdreiter mit Hundemeute

Jagdreiten

Ihre Ursprünge hat die Reitjagd in der Jagd auf Wildtiere. Heute ist sie jedoch ein reiner Sport, bei dem kein Tier im Wald zu Schaden kommt. Der Herbst ist die Jahreszeit der Jagden. Im Galopp geht es über Stoppelfelder und abgemähte Wiesenflächen. Auf der Jagdstrecke stehen einige natürliche und künstliche Hindernisse, die übersprungen und durchquert werden sollen. Wer Angst vorm Springen hat, darf auch an den Hindernissen vorbeireiten. So können erfahrene und weniger erfahrene Reiter an der Jagd teilnehmen. Es gibt zwei Arten von Jagden. Einmal die Schleppjagd, an der eine Hundemeute beteiligt ist. Ein Reiter reitet voraus und legt eine Duftspur, der die Meute mit lautem Gebell folgt. Das Reiterfeld reitet wiederum den Hunden hinterher. Die zweite Art ist die Fuchsjagd. Ein Reiter spielt den Fuchs und heftet sich einen Fuchsschwanz ans Jackett. Er reitet voraus, das Feld folgt ihm. Am Ende der Jagd versuchen die Reiter nach dem Fuchsschwanz zu greifen. Der „Fuchs" versucht auszuweichen, doch wer den Fuchsschwanz erwischt, ist Sieger und darf im nächsten Jahr den Fuchs spielen.

Der „Fuchs" flüchtet hoch zu Ross.

Die Hunde führen das Feld an.

Ritterspiele

Wir drehen die Zeit um ein paar hundert Jahre zurück und finden uns im Mittelalter wieder. Es ist die Zeit der Ritter, Grafen und Gaukler, der Burgen und Schlösser. Mutige Edelmänner ziehen in schwerer Rüstung in die Schlacht. Ihre Pferde sind ebenso furchtlos wie sie. Schon damals wurden auch berittene Wettkämpfe mit Speeren, Lanzen und Schwertern ausgeübt, bei denen es – wie in einer richtigen Schlacht – Tote und Verletzte gab. Heute werden in vielen Regionen große Mittelalterfeste veranstaltet, oft stilecht im Umfeld einer alten Burg. Neben einem historischen Markt werden Ritterturniere ausgetragen, bei denen sich zwei Ritter in schwerer Rüstung wie einst erbittert bekämpfen. Nach dem Vorbild mittelalterlicher Turniere gehen sie mit Schwert oder Lanze aufeinander los, doch geht es heute gesitteter zu, und die Reiter versuchen nur, den Gegner vom Pferd zu stoßen. Ein aufregendes Spektakel für Zuschauer sind die Ritterspiele dennoch.

Wer oben bleibt, hat gewonnen.

Der Sieger führt das Burgfräulein auf sein Schloss.

Vertrauensbeweis: Das Pferd legt sich flach auf den Boden.

Zirkuslektionen

Man muss nicht in den Zirkus gehen, um Pferde-Akrobaten zu sehen. Jedes Pferd kann Zirkuslektionen wie Verbeugen, Sitzen, Knien oder Liegen erlernen, und jeder Pferdefreund kann lernen, diese dem Pferd beizubringen. Das Pferd sollte mindestens zwei Jahre alt sein, sich brav am Halfter führen lassen und auch still stehen können. Solange ein Pferd gesund und schmerzfrei ist, kann es auch bis ins hohe Alter Zirkuslektionen ausführen. Wichtig ist, dass man nicht einfach herumprobiert, sondern sich in einem Kurs die notwendigen Kenntnisse aneignet. Die Arbeit am Boden schweißt Mensch und Pferd eng zusammen, fördert das Vertrauen und ist eine schöne Abwechslung zum Reiten.

Die Verbeugung heißt Kompliment und geht auch mit Reiter.

Dachverband für Reitsport und Pferdezucht in Deutschland:
FN – Deutsche Reiterliche Vereinigung
(FN steht für die französische Übersetzung: Fédération Equestre Nationale)
www.pferd-aktuell.de
Österreich:
Österreichischer Pferdesportverband
www.oeps.at
Schweiz:
SVPS – Schweizerischer Verband für Pferdesport
www.fnch.ch

Dachverband der Westernreiter:
EWU – Erste Westernreiter Union Deutschland e.V.
Anschlussverband der FN
www.westernreiter.com
Österreich:
Austrian Westernriding & Breeding Association
www.awa.at
Schweiz:
Swiss Western Riding Association
www.swra.ch

Verband der Gangpferdereiter:
IGV e.V. – Internationale Gangpferdevereinigung
www.igv-online.de

Distanzsport:
VDD – Verein Deutscher Distanzreiter e.V.
www.vdd-aktuell.de
Österreich:
Verband österreichischer Distanzreiter (VÖD)
http://distanz.info.indec.at
Schweiz:
Schweizerische Distanzreiter Vereinigung SDV
www.swissendurance.ch

Die Barockreiterverbände:
Bundesverband für Klassisch-barocke Reiterei Deutschland e.V.
www.bfkbr.de
Österreich:
Der Verein „Klassisch reiten"
www.klassisch-reiten.at
Schweiz:
Freunde barocker Reitkunst (FBR)
www.barocke-reitkunst.ch

Die Anregungen in diesem Buch sind sorgfältig geprüft und sollen eine hilfreiche Ergänzung zum praktischen Reitunterricht sein. Doch Pferde und Reiter sind Individuen. Selbst unter Reit- und Pferdeexperten gibt es unterschiedliche Meinungen, und nur der Reitlehrer kennt seine Schulpferde und seine Reitschüler persönlich und kann jedem Reiter die auf ihn zugeschnittenen Ratschläge und Korrekturen geben.
Das Reiten und der Umgang mit Pferden bergen immer Gefahren, selbst wenn alle Regeln befolgt werden. Der Verlag und die Autorin schließen jegliche Haftung für etwaige Personen-, Sach- und Vermögensschäden aus.
Alle Personen unter 18 Jahren sind verpflichtet, beim Reiten einen gut sitzenden Reithelm zu tragen. Dieser sollte den aktuellen Sicherheitsnormen entsprechen und mit dem GS Gütesiegel versehen sein.
Helmpflicht gilt auch für Westernreiter. Es gibt sturzsichere Kappen und Cowboyhüte oder spezielle Sicherheitsschalen, die unter dem Cowboyhut getragen werden.

Rennsport:
Direktorium für Vollblutzucht und Rennen
www.galopp-sport.de
Österreich:
Direktorium für Galopprennen
und Vollblutzucht in Österreich
www.direktorium-galopp.at
Schweiz:
Institut Equestre National Avenches, Swiss Galopp
www.iena.ch

Voltigieren, Fahrsport, Reiterspiele:
siehe Deutsche Reiterliche Vereinigung

Freizeit- und Wanderreiten:
VFD Vereinigung der Freizeitreiter und -fahrer in Deutschland e.V.
www.vfdnet.de

Polo:
Deutscher Polo Verband e.V.
www.dpv-poloverband.de
Schweiz:
Swiss Polo Association
www.spa-swisspolo.ch

TREC Reiten:
TREC Deutschland e.v.
www.trec-deutschland-ev.de
Österreich:
T.R.E.C.
www.orientierungsreiten.com
Schweiz:
Schweizer Verband der Wanderreiter
www.asre.ch

Horse Ball:
Deutscher Horseball-Verband
www.horseball.de
Österreich:
Österreichischer Fachverband für Horseball
www.horseball.at

Jagdreiten:
Deutsche Schleppjagd-Vereinigung
www.drfv-jagdreiten.de
Österreich:
OEPS Österreichischer Pferdesportverband
www.oeps.at oder www.jagdreiten.at

Aalstrich Dunkle Farblinie, die entlang der Wirbelsäule verläuft und vor allem bei Falben in verschiedenen Schattierungen vorkommt.

Behang So nennt man das Langhaar bei Pferden, also Mähne und Schweif. Die Behaarung an den Beinen heißt Fesselbehang und wird oft auch kurz Behang genannt.

Cow Sense Übersetzt: „Sinn für Kühe“. Durch das Hüten und Treiben der Rinderherden entwickelten die amerikanischen Cowboypferde ein Gespür für das Verhalten der Kühe.

Dressur Die Gymnastizierung und Ausbildung des Pferdes bis hin zu schwierigen Lektionen. Reitsportdisziplin in verschiedenen Schwierigkeitsgraden.

Exterieur Das äußere Erscheinungsbild eines Pferdes

Fellknabbern Verhalten unter befreundeten Pferden: Sie beknabbern sich gegenseitig das Fell, was der Pflege dient und zugleich eine angenehme Massage ist.

Gestüt Landwirtschaftlicher Betrieb, in dem Pferde gezüchtet werden

Hilfen Zeichen und Signale, mit denen sich der Reiter dem Pferd verständlich macht. Für jede Lektion gibt es bestimmte Reiterhilfen.

Interieur Wesen und Charakter des Pferdes

Jockey Berufsrennreiter mit einer dreijährigen Ausbildung und mindestens 50 gewonnenen Rennen. Ein Jockey darf nicht mehr als 55 Kilogramm wiegen.

Kandare Zäumung mit Stangengebiss. Nur für fortgeschrittene Reiter mit sehr feiner Hand. Bei unruhiger oder grober Reiterhand kann man dem Pferd große Schmerzen zufügen.

Leckerli Eine leckere Belohnung fürs Pferd nach geleisteter Arbeit oder für eine gut ausgeführte Lektion.

Neck Reining Durch Anlegen des Zügels an den Pferdehals weicht dieses dem Druck aus. So steuern Westernreiter ihre Pferde.

Offenstall Ein Stall oder Unterstand, der dem Pferd die Möglichkeit gibt, sich wahlweise drinnen oder draußen aufzuhalten.

Przewalski-Pferd Sprich: Pschewalski-Pferd. Das letzte echte Urwildpferd aus China und der Mongolei.

Quarter Horse Das spurtschnellste Pferd der Welt. Unschlagbar auf der Distanz einer Viertelmeile (ca. 400 Meter). Über längere Distanzen ist das Englische Vollblut schneller.

Rasse Ja nach Verwendung gibt es verschiedene Züchtungen, die man Rassen nennt. Jede Rasse wird von einem Verband betreut, der die Zuchtrichtlinien festlegt.

Sattelkammer Ein Wort mit zwei Bedeutungen: Erstens: Der Raum im Reitstall, in dem Sättel und Reitzubehör aufbewahrt werden. Zweitens: Aussparung am Sattel, die Bewegungsfreiheit im Bereich des Widerrists gibt.

Tölt Spezialgangart verschiedener Gangpferderassen

Urpferde Vorfahren unserer Hauspferde. Urpferde sind ausgestorben. Es gibt nur noch einen Nachfahren, der ohne züchterischen Einfluss des Menschen überlebt hat: Das Przewalski-Pferd.

Widerrist Die Dornfortsätze der vorderen Rückenwirbel bilden eine Erhöhung zwischen Hals und Rücken des Pferdes, die man Widerrist nennt.

Volte Ein kleiner Kreis, der zu den Bahnfiguren zählt. Der Durchmesser der Volte ist je nach Gangart unterschiedlich groß.

Zäumung Kopfstück, Gebiss und Zügel werden Zäumung genannt. Es gibt auch gebisslose Zäumungen, die z.B. über Nasen- und Genickriemen aufs Pferd einwirken.

STICHWORTVERZEICHNIS

Danke!

Die Autorin bedankt sich bei allen, die sie bei diesem Projekt unterstützt haben, allen voran Frau Dr. Petra Fohrmann.
Für fachliche Beratung: Annette Braun, Familie Mahlke, Janine Weissinger.
Für das Arrangement der Fotoshootings herzlichen Dank an den Reit- und Fahrverein Donaueschingen, an den Reit- und Fahrverein Freudenstadt, an Familie Heberling, Reitanlage Beschenhof in Schramberg, an Heinrich Haas und die Reiterinnen des Reitverein Villingen, an Isabel Krause und die Reiterinnen des Reitvereins Niedereschach, an Alexandra Kraus und an die Firma Loesdau.

Die Autorin

Gabriele Kärcher ist seit ihrem sechsten Lebensjahr mit Pferden vertraut. Sie durchlief die klassische Reitausbildung und lernte durch ihre Faszination für den amerikanischen Westen auch die Westernreitweise kennen.
Als freiberufliche Fotojournalistin beschreibt und fotografiert sie Pferde in aller Welt. Kaum eine Rasse ist ihr fremd, kaum eine Reitweise hat sie noch nicht ausprobiert. Lange Jahre war sie leitende Redakteurin der Zeitschrift „Wendy", schrieb Bücher und Artikel über Pferde und Reiter.
Aus Süddeutschland stammend, lebt sie mit ihren Pferden zeitweise im US-Bundesstaat Montana. Dort studierte sie die wilden Mustangs und entdeckte die ungewöhnliche Rasse der Curly Horses, über die sie etliche Artikel schrieb. Sie importierte und züchtete die ersten Curlys in Deutschland.

BILDNACHWEIS

Fotos:

CLiX photography / Shawn Hamilton:
S. 161 unten (2)

iStockphoto:
S. 32/33, S. 58/59, S. 83 (8), S. 109 unten rechts, S. 196 unten rechts

Pferdesporthaus Loesdau:
S. 81 Mitte, S. 89 oben rechts, S. 97 oben rechts, S. 100 Mitte, S. 102 unten, S. 118 Mitte, S. 166 oben (2), S. 176 Mitte,

www.masterhorse.de:
S. 87 unten

Petra Kleinwegen:
S. 169 unten Mitte, S. 170 unten Mitte

Alle weiteren Fotos:
Gabriele Kärcher / www.sorrel.de

Illustrationen:

Maria Mähler, www.maria-maehler.de

Sascha Weissinger:
Illustrationen S. 159 unten (3)